MUSIK DURCHBLICK!

Impressum

Bestellnummer: ED 23846
ISBN 978-3-7957-3259-2
ISMN 979-0-001-21973-0

Umschlag: Nele Engler
Gestaltung, Satz und Layout: Engler Schödel, Atelier für Gestaltung
Redaktion: Christian Müller
Notensatz: Schott Music, Mainz
Foto: Hagen Wolf

BSS 60486
Schott Music GmbH & Co. KG, Weihergarten 5, 55116 Mainz
info@schott-music.com

Stine Fischer
Sebastian Jung
Fabian Werner

MUSIK DURCHBLICK!

Musiktheorie verstehen
Musik erleben

SCHOTT

www.schott-music.com

Mainz · London · Madrid · Paris · New York · Tokyo · Beijing

// Vorwort

Wir lieben Musik! Wahrscheinlich genau wie du. Sie kann uns begeistern, bewegen oder trösten. Sie ist allgegenwärtig – im Aufzug, im Auto, im Supermarkt, aber natürlich auch auf Konzerten oder direkt auf deinen Ohren. Zu jeder emotionalen Stimmung gibt's einen passenden Song. Und das ist großartig!

Doch wie funktioniert Musik überhaupt? Wie ist sie aufgebaut? Wie entsteht ein Rhythmus? Welche Klänge passen zueinander? All diese Fragen und noch viel mehr möchten wir kompakt in diesem Buch beantworten. Falls du uns noch nicht kennst – wir sind MusikDurchblick. Seit 2020 sind wir erfolgreich bei YouTube aktiv und bringen mit unseren fundierten Videos digitale Musik-Bildung direkt zu dir. Im Buch findest du deswegen immer wieder QR-Codes, die dich zu unseren Videos, aber auch zu Hörbeispielen, Playlists und weiteren Inhalten führen. Nutze dieses Feature auf jeden Fall.

Und ja, wir geben es zu: „Musiktheorie" klingt erstmal nicht besonders sexy. Doch das ganze Thema muss keine langweilige und komplizierte Raketenwissenschaft sein, sondern kann tatsächlich Spaß machen. Wenn du die Grundlagen von Musik einmal verstanden hast, eröffnen sich plötzlich so viele Möglichkeiten selbst kreativ zu werden. Genau deshalb ist es uns ein großes Anliegen, dass es nicht nur bei der Theorie bleibt.

Musiktheorie und Praxis gehen immer Hand in Hand – das eine funktioniert nicht ohne das andere. Deswegen haben wir im Praxis-Kapitel ab S. 94 einen Song geschrieben, bei dem die meisten Themen der vorherigen Kapitel direkt angewendet werden. Wenn du willst, kannst du das auch!

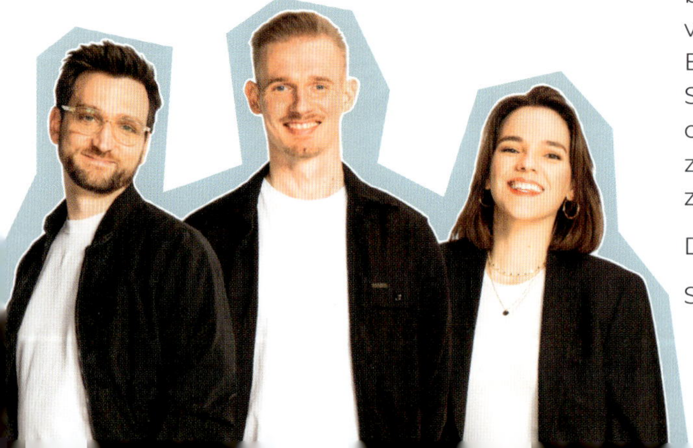

Wir wünschen dir viel Freude beim Lesen und Lernen, aber vor allem beim Entdecken, Experimentieren, Spielen und Singen. Denn Musik zu machen und dabei gleichzeitig zu wissen, was man tut, ist 'ne ziemlich coole Sache.

Dein MusikDurchblick-Team

Stine, Sebastian und Fabian

Lust auf noch mehr MusikDurchblick?

Wir sind natürlich auf YouTube zu finden, aber auch bei Instagram, TikTok und Patreon aktiv. Außerdem gibt's auf unserer Website (www.musikdurchblick.de) weiterführendes Lern- und Lehrmaterial, dort kannst du dich auch in unseren Newsletter eintragen, um immer auf dem Laufenden zu bleiben. Wenn du Feedback, Fragen oder Anregungen hast – schreib uns! Am besten per Mail an info@musikdurchblick.de. Wir freuen uns von dir zu hören! :)

Hier noch ein praktischer Hinweis:

Das Klavier eignet sich durch die klare Aufteilung in weiße und schwarze Tasten besonders gut, um wichtige musikalische Elemente wie Töne, Intervalle, Akkorde etc. übersichtlich darzustellen. Genau deswegen wird dir die Klaviatur in diesem Buch immer wieder begegnen.

Wir empfehlen an dieser Stelle ausdrücklich, dass du dir fürs Lernen Zugang zu einem Klavier verschaffst – egal ob real oder digital. Wenn du kein echtes Keyboard zuhause hast, gibt es viele (kostenlose) Apps oder auch Browser-Anwendungen (einfach „virtuelles Klavier" googeln), über die Töne direkt angespielt werden können. So kannst du die vermeintlich staubige Musiktheorie direkt in die Praxis verwandeln. Das macht nicht nur deutlich mehr Spaß, sondern sorgt vor allem für ein viel besseres Verständnis für den tatsächlichen Klang der Töne – einzeln und in ihrem Zusammenspiel. Und darum geht's ja letztendlich bei Musik!

Trotz der Sonderstellung des Klaviers und damit keine Missverständnisse aufkommen: Alles, was du in diesem Buch über die Musik lernst, lässt sich natürlich auch auf alle anderen Instrumente oder die Stimme übertragen. Die Musiklehre ist allgemeingültig.

// INHALTSVERZEICHNIS

NOTENSCHRIFT

Das Notensystem 10
Die weißen Tasten (Stammtöne) 11
Oktavlagen 12
Notenschlüssel 12
Halb- und Ganztonschritte 15
Die schwarzen Tasten (alterierte Töne) 15
Die Sache mit H, B und B♭ 17
Vorzeichen vs. Versetzungszeichen 18

RHYTHMUS

Der Puls der Musik 22
Noten- und Pausenwerte 23
Binär vs. Ternär – Triolen 25
Shuffle/Swing 26
Haltebogen und Punktierung 27
Takt und Taktarten 29
Betonungsmuster 30
Wie wird ein Rhythmus gezählt? 31
Synkopen 33

INTERVALLE

Stammton-Intervalle 36
Drei Intervalltypen 37
STEP by STEP: Intervalle bilden & bestimmen 40
Konsonanzen und Dissonanzen 42

TONLEITERN

Dur-Tonleiter 46
Natürliche Moll-Tonleiter 48
Parallele Tonleitern 49
Leitton und Gleitton 50
Harmonische Moll-Tonleiter 50
Melodische Moll-Tonleiter 52
STEP by STEP: Tonleitern bilden & bestimmen 54
Pentatonik 56

HARMONIK

Dreiklänge 60
STEP by STEP: Dreiklänge bilden & bestimmen 63
Dreiklangsumkehrungen 64
Sus-Akkorde 67
Vierklänge 68
Weitere Akkorde 71
Akkordsymbole 72

TONARTEN

Vorzeichen der Tonarten 76
Das tonale Zentrum 78
Stufentheorie 79
Funktionstheorie 81
Akkordfolgen 86
Quintenzirkel 88

PRAXIS

Wir schreiben einen Song 94
Basis (Taktart, Tempo, Aufbau, Tonart) 94
Intro 96
Verse (Strophe) 98
Pre-Chorus 100
Chorus (Refrain) 101
Solo (Improvisation) 103
Outro 105
Der finale Song 106

ANHANG

Tempobezeichnungen 112
Dynamik 113
Wiederholungszeichen 114
Weitere Akkordsymbole 115
Alle Dur-Tonarten und ihre Stufenakkorde 116
Englisch-Musik/Musik-Englisch Wörterbuch 117
Register 119

NOTEN SCHRIFT

- DAS NOTENSYSTEM
- DIE WEISSEN TASTEN (STAMMTÖNE)
- OKTAVLAGEN
- NOTENSCHLÜSSEL
- HALB- UND GANZTONSCHRITTE
- DIE SCHWARZEN TASTEN (ALTERIERTE TÖNE)
- DIE SACHE MIT H, B UND B♭
- VORZEICHEN VS. VERSETZUNGSZEICHEN

// Das Notensystem

Musik ist zum Hören da! Da erzählen wir dir natürlich kein Geheimnis. Trotzdem haben Menschen schon vor langer Zeit nach Möglichkeiten gesucht, um etwas, das eigentlich für die Ohren gemacht ist, in eine schriftliche Form zu bringen. Im Laufe der Jahrhunderte ist so eine Art „Sprache" für Musik entstanden, mit eigener Notenschrift und dazugehörigen Regeln. Das Ergebnis: Unser heutiges, westliches[1] **Notensystem**. Es ist das Fundament, auf dem alle musikalischen und rhythmischen Elemente aufgebaut sind. So sieht es aus:

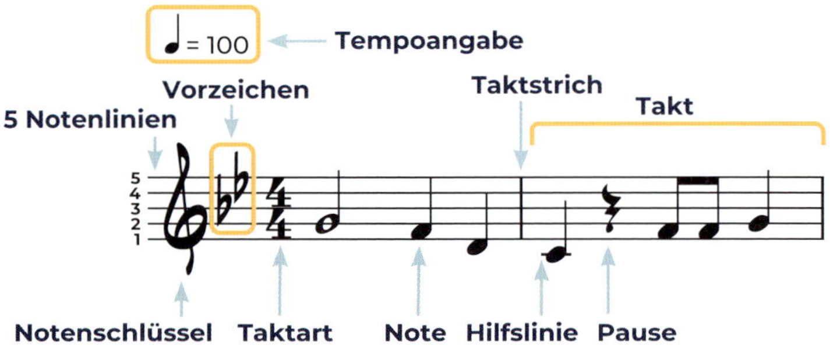

Notenlinien: Fünf waagrechte, übereinander liegende Linien, die bei Bedarf nach oben oder unten hin auch mit **Hilfslinien** erweitert werden können. Die Notenlinien werden von unten nach oben gezählt. Die Noten werden auf den Linien oder in den Zwischenräumen notiert.

Takt und Taktstrich: Ein Musikstück wird mithilfe von Taktstrichen in kleinere Abschnitte *(= Takte)* eingeteilt. Sie sorgen für Struktur und werden mit **Noten und Pausen** gefüllt. siehe S. 22

Notenschlüssel: Der Notenschlüssel bestimmt, in welchem Tonraum sich die Noten befinden. Er definiert also, welche Töne genau klingen sollen und in welcher Tonhöhe. siehe S. 12

Vorzeichen: Sie werden, falls vorhanden, direkt neben dem Notenschlüssel notiert. Vorzeichen verändern bestimmte Töne um einen Halbtonschritt nach oben (♯) oder unten (♭). siehe S. 18

1 Damit ist v. a. Europa, Nordamerika und Australien gemeint. In anderen (Musik-)Kulturen (z.B. im asiatischen, afrikanischen oder südamerikanischen Raum) gibt es teilweise ganz andere Ton- und Notensysteme. Auf diese gehen wir in diesem Buch nicht ein.

Taktart: Die Taktart legt fest, wieviele Noten- und Pausenwerte in einen Takt passen und wie der Rhythmus genau gezählt wird. siehe S. 29

Oft findest du auch eine **Tempoangabe**: Dabei steht in der Regel eine Zahl neben einem Notenwert. Diese Zahl ist die bpm -Angabe, was für „beats per minute“ *(= Schläge pro Minute)* steht. Je höher die Zahl, also je mehr Schläge pro Minute klingen, desto schneller ist das Tempo des Songs. Bei klassischen Stücken wird in der Regel ein italienischer Begriff (z. B. Andante, Allegro etc.) verwendet. siehe S. 112 Im Jazz tauchen manchmal englische Begriffe (z. B. Up-tempo, Medium Swing etc.) auf. Solche Anweisungen lassen dann einen gewissen Spielraum fürs Tempo.

All diese Informationen am Anfang der Notenzeile legen das Grundgerüst für das Musikstück oder den Song fest. Dieses Gerüst wird nun mit Noten gefüllt, die für klingende Töne stehen. Unsere Notenschrift beschreibt dabei vor allem zwei wichtige musikalische Eigenschaften: Die Tonhöhe und die Tondauer .

// Die weißen Tasten (Stammtöne)

Unser Tonsystem besteht aus zwölf verschiedenen Tönen, die sich auf- und absteigend immer wiederholen. Das kann man auf einem Klavier besonders gut erkennen. Es gibt jeweils sieben weiße Tasten und fünf (2+3) schwarze Tasten, danach beginnt das nächste „12er-Päckchen“.

Die Töne auf den weißen Tasten nennt man **Stammtöne**, sie heißen C, D, E, F, G, A und H[2]. Sie bilden übrigens gleichzeitig die C-Dur-Tonleiter. siehe S. 46 Die Stammtöne werden im Notensystem auf den Linien und in den Zwischenräumen notiert. Zu den Tönen auf den schwarzen Tasten kommen wir später. siehe S. 15

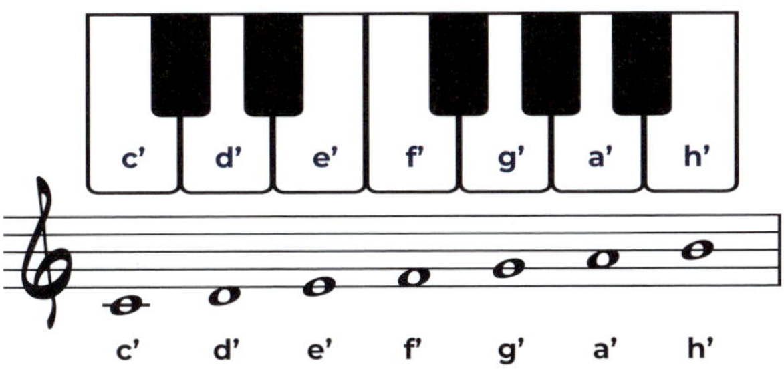

2 In der englischsprachigen Musiktheorie wird der Ton H als B bezeichnet.

siehe S. 17

// Oktavlagen

Da es die „12er-Päckchen“ ja in verschiedenen Tonhöhen gibt, werden sie in **Oktavlagen** unterteilt. Eine Oktavlage umfasst dabei immer alle Töne von C bis H, dann beginnt die nächste. Die Töne selbst werden als Groß- oder Kleinbuchstaben, teilweise mit zusätzlichen Strichen oder manchmal auch Zahlen, notiert – je nach Oktavlage *(siehe Übersicht rechts)*.

Hier kommen übrigens auch die zwei wichtigsten Notenschlüssel ins Spiel. Der Bassschlüssel ist für die Darstellung der tieferen Töne, der Violinschlüssel für die höheren Töne zuständig.

// Notenschlüssel

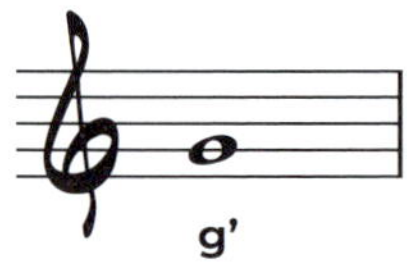

Der **Violinschlüssel** wird auch G-Schlüssel genannt. Der „Bauch“ des Schlüssels markiert den Ton g’, er steht auf der zweiten Notenlinie. Alle anderen Töne werden davon ausgehend benannt. Der Violinschlüssel ist der am meisten genutzte Schlüssel, er hat sich als Standard etabliert. Deshalb wird er auch in diesem Buch hauptsächlich genutzt.

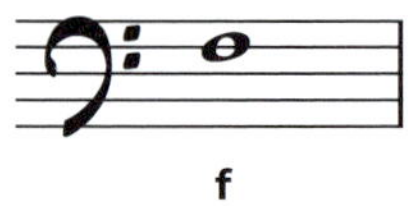

Der **Bassschlüssel** wird auch F-Schlüssel genannt. Er markiert den Ton f, der zwischen den zwei kleinen Punkten des Schlüssels auf der vierten Notenlinie liegt. Auch hier werden alle anderen Töne von diesem Orientierungspunkt ausgehend notiert. Der Bassschlüssel wird für besonders tiefe Instrumente (z. B. E-Bass, Posaune, etc.) oder für die linke Hand beim Klavierspielen genutzt.

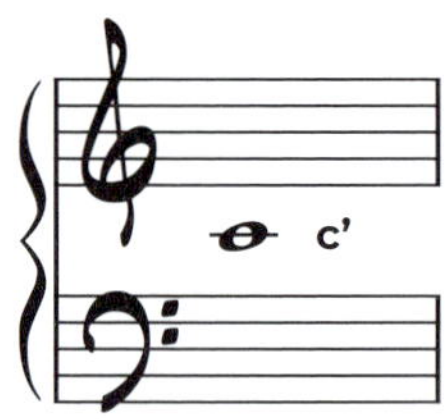

Das c’ markiert die „Übergangszone“ zwischen Bass- und Violinschlüssel. Im Bassschlüssel liegt es auf der oberen ersten Hilfslinie, im Violinschlüssel auf der unteren ersten Hilfslinie.

Beide Notenschlüssel können auch als **oktavierende Schlüssel** auftreten. Dabei wird eine kleine 8 entweder über oder unter dem Noten-

Die Oktavlage gehört immer zur korrekten Bezeichnung des Notennamens dazu.

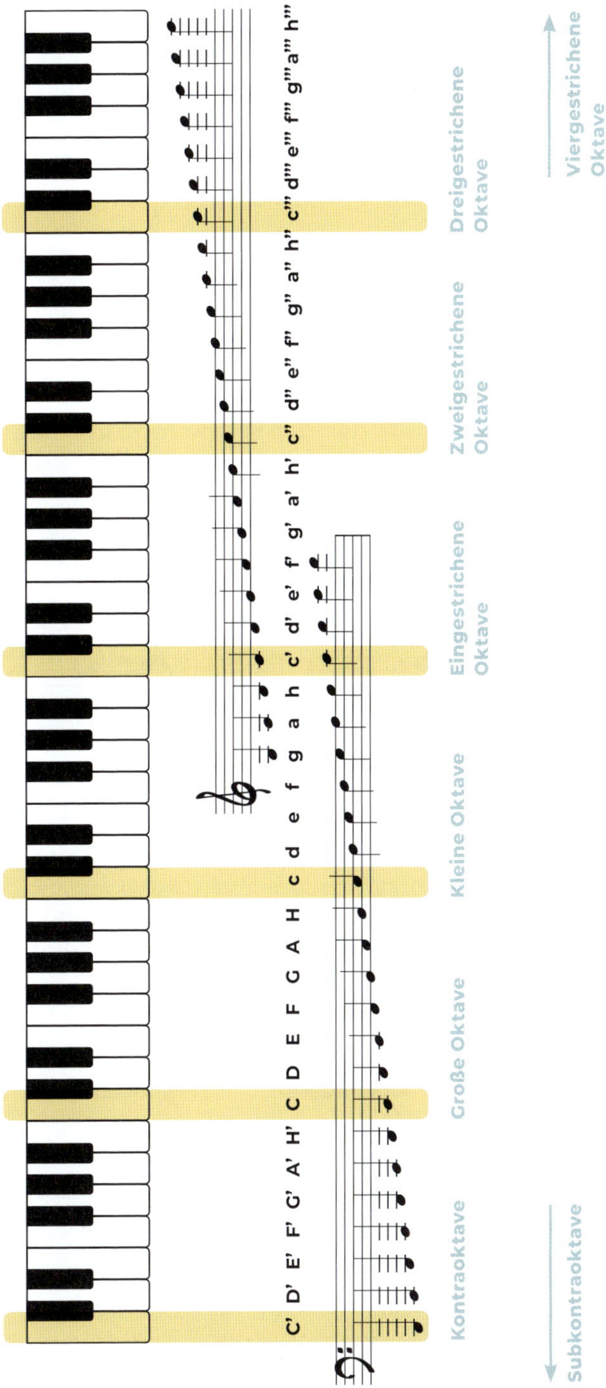

schlüssel notiert, die Töne werden dementsprechend eine Oktave höher oder tiefer als notiert gespielt. Das kann für eine bessere Übersicht sorgen, weil so z. B. keine Hilfslinien gebraucht werden.

So notiert:

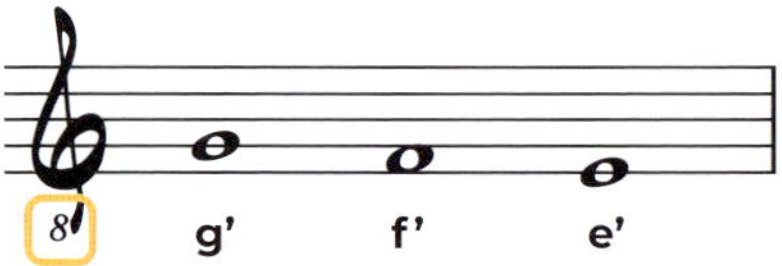

So gespielt:

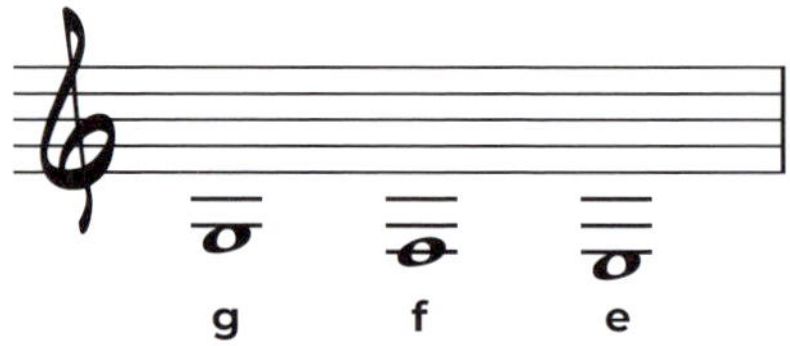

Um sich die Positionen der Stammtöne in beiden Schlüsseln besser zu merken, gibt es kleine Merkhilfen. So bilden die Noten in den Zwischenräumen von unten nach oben beim Violinschlüssel das Wort *„face"*, beim Bassschlüssel kann man sich den Satz *„All cows eat grass"* merken.

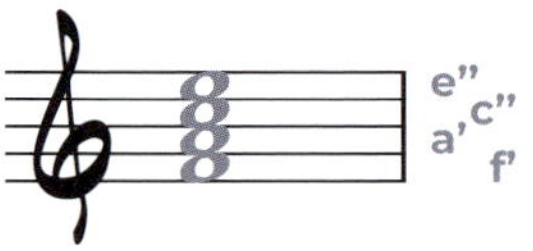

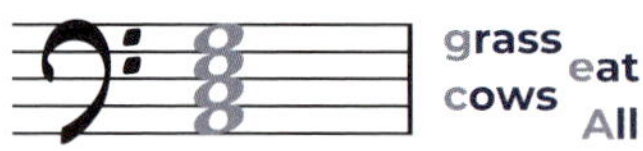

GOOD TO KNOW

Es gibt noch andere Notenschlüssel, die aber eher instrumentenspezifisch genutzt werden und deswegen viel seltener sind. So ist z. B. der Altschlüssel *(auch „Bratschenschlüssel")* vor allem für Bratsche oder Altposaune relevant, der Tenorschlüssel für Tenorposaune oder Cello. Beide Schlüssel nennt man auch C-Schlüssel, da sie in ihrer Mitte das c' markieren.

Altschlüssel

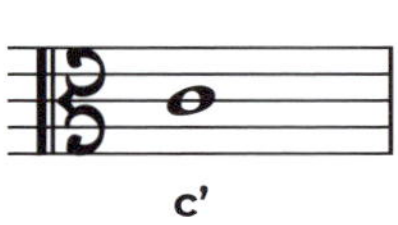

Tenorschlüssel

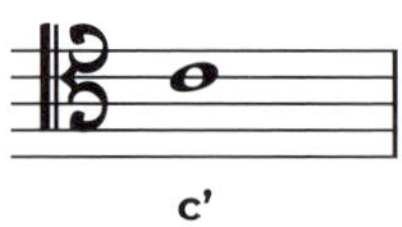

// Halb- und Ganztonschritte

Du weißt ja schon, dass unser Tonsystem aus zwölf verschiedenen Tönen besteht – sieben Stammtönen (*weiße Tasten*) und fünf „Zwischentönen“ (*schwarze Tasten*). All diese Töne haben jeweils den gleichen Abstand zu ihren Nachbarn nach links und rechts bzw. nach oben und unten (egal ob schwarze oder weiße Tasten). siehe S. 11

Diesen Abstand nennt man **Halbtonschritt** (*kurz: HTS*). Ein Halbtonschritt ist der kleinste Tonhöhen-Unterschied in der westlichen Musik. Spielt man alle Töne hintereinander, aufwärts oder abwärts, entsteht übrigens die sogenannte chromatische Tonleiter. Probier das doch direkt mal aus!

Ein **Ganztonschritt** *(kurz: GTS)* besteht aus zwei Halbtonschritten, er ist also doppelt so groß wie ein Halbtonschritt. Vor allem beim Bilden von Dur- und Moll-Tonleitern spielen Ganztonschritte in Kombination mit Halbtonschritten eine wichtige Rolle. siehe S. 46

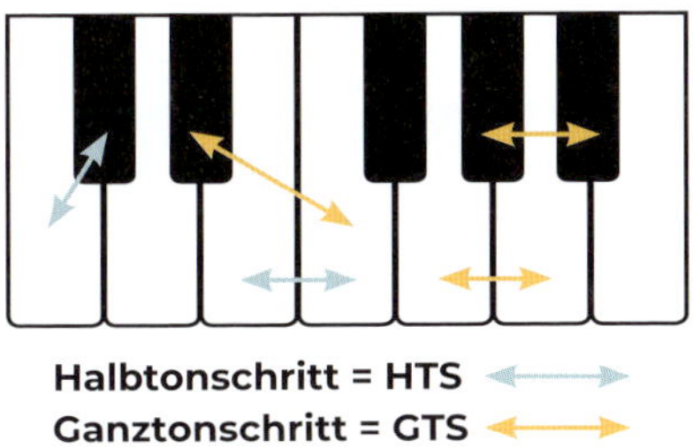

// Die schwarzen Tasten (alterierte Töne)

Die Stammtöne C, D, E, F, G, A und H werden im Notensystem auf den Linien und in den Zwischenräumen notiert. Im Violinschlüssel liegt das c’ dabei auf der ersten Hilfslinie unter dem Notensystem, von da aus geht’s schrittweise aufwärts. Für die Töne auf den **schwarzen Tasten** werden die Stammtöne nun durch **Versetzungszeichen** entweder um einen Halbtonschritt erhöht (♯) oder erniedrigt (♭). Deswegen heißen sie auch **alterierte Töne** *(lat. „abgewandelt“)*.

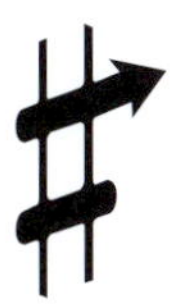

Das **Kreuz** (♯) vor einer Note sorgt immer dafür, dass der Ton um einen Halbtonschritt erhöht wird. An den Namen des Stammtons wird die Endung -is gehängt.

So erhöht ein ♯ z. B. vor dem Ton C diesen zu einem Cis, ein ♯ vor einem F erhöht dieses zum Fis usw. Die schwarzen Tasten heißen dementsprechend von unten nach oben Cis, Dis, Fis, Gis und Ais.

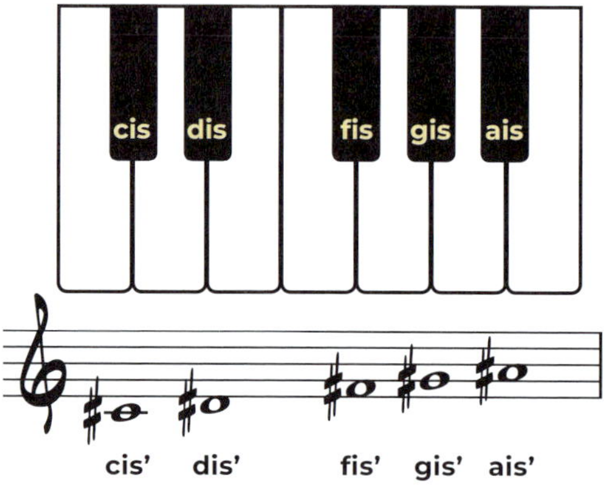

Beim **B** (♭) ist es genau umgekehrt. Steht ein ♭ vor einer Note, wird der Ton immer um einen Halbtonschritt erniedrigt. An den Namen des Stammtons wird die Endung -es oder -s gehängt. So erniedrigt ein ♭ z. B. vor dem Ton D diesen zu einem Des und ein A wird durch ein ♭ davor zu einem As. Die schwarzen Tasten heißen dementsprechend von unten nach oben Des, Es, Ges, As und – Achtung, hier gibt's eine kleine Falle – nicht Hes, sondern B[3]. Das muss man sich leider einfach merken.

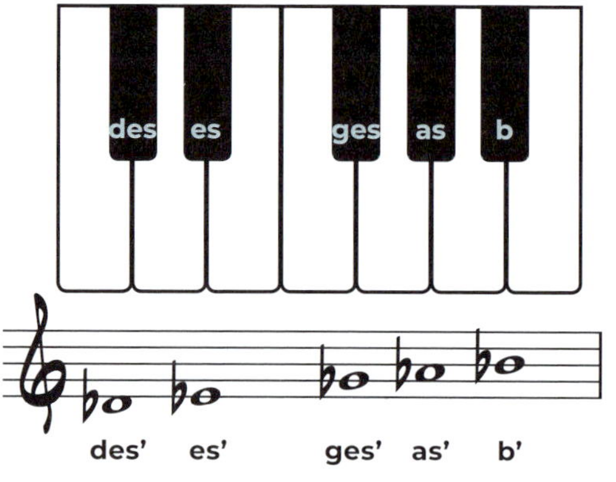

siehe S. 17

3 In der englischsprachigen Musiktheorie wird der Ton B als Bb bezeichnet.

Du siehst: Durch die Ableitung von ihren Stammton-Nachbarn haben die alterierten Töne auf den schwarzen Tasten immer zwei Namen. Welche Versetzungszeichen in einem Musikstück oder Song benutzt werden, hängt immer vom musikalischen Kontext und der Tonart ab.

siehe S. 76

GOOD TO KNOW

Unter bestimmten Umständen können die zwei Notennamen desselben Tons (z. B. Gis und As) auch untereinander ausgetauscht, also umgedeutet werden, z. B. um für eine bessere Lesbarkeit zu sorgen. Diesen Vorgang bezeichnet man als enharmonische Verwechslung.

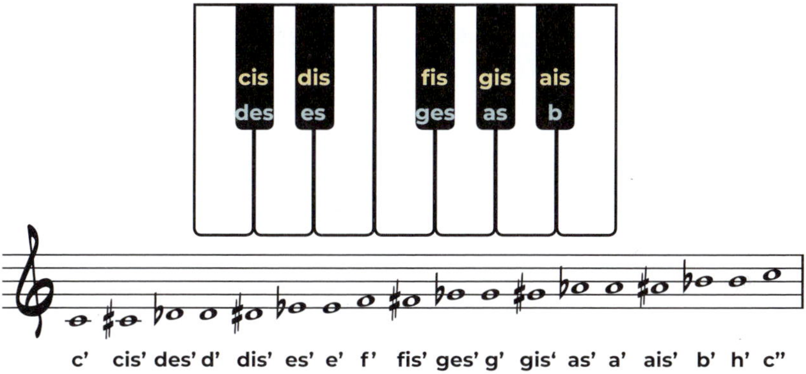

// Die Sache mit H, B und B♭

Ursprünglich wurden die Noten aufsteigend in alphabetischer Reihenfolge vom Ton A aus gebildet und benannt: A, B, C, D, E, F und G. Im deutschsprachigen Raum hat sich die Note B allerdings in ein H verwandelt. Es gibt verschiedene Theorien darüber, warum das so ist. Aber egal, ob Druck- oder Übersetzungsfehler, Fakt ist: In der englischsprachigen Musiktheorie gibt es diese Note H nicht, dort wird sie weiterhin als B bezeichnet. Den Ton B gibt es aber ja auch auf deutsch, er liegt jedoch einen HTS tiefer als das H. Das deutsche B wird auf Englisch B♭ *(gesprochen: B flat)* genannt.

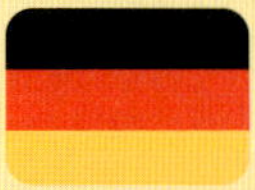 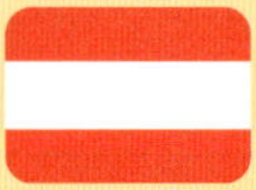 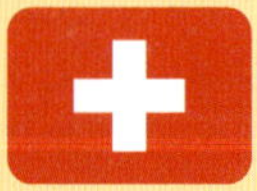

+ dänisch, norwegisch, schwedisch, polnisch, slowakisch, tschechisch, serbisch, kroatisch, ungarisch ...

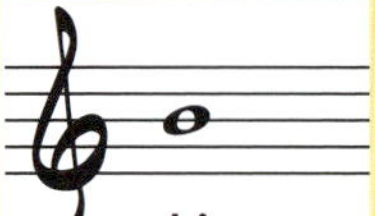

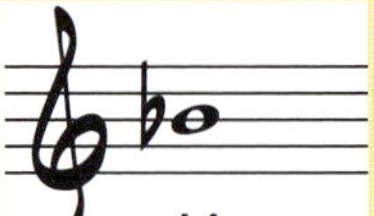

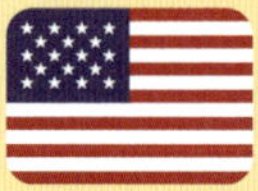 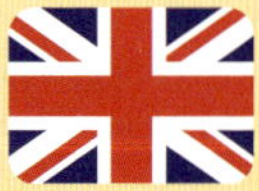 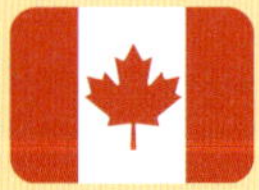

+ niederländisch, chinesisch ...

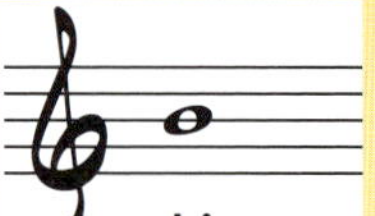

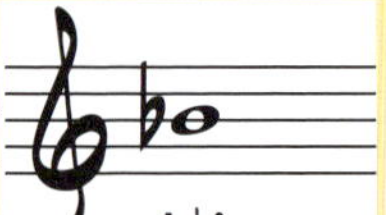

siehe S. 72

Und hier entsteht leider ein lästiges Problem! Da besonders in der Jazz- und Popmusik oft mit internationalen Bezeichnungen gearbeitet wird, tauchen vor allem bei Akkorden und Akkordsymbolen die Notennamen B und B♭ anstatt H und B auf. Das sorgt häufig für Verwirrung. In der Praxis ist es meistens so: Geschrieben wird international, gesprochen deutsch. Alternativ bleibt man in Sprache und Schrift konsequent bei deutsch oder konsequent bei englisch (dann aber auch englisch ausgesprochen). In diesem Buch arbeiten wir bis auf wenige Ausnahmen (bei den Akkorden und Akkordsymbolen) mit der deutschen Variante.

// Vorzeichen vs. Versetzungszeichen

Wie gesagt: Wann immer ♯ oder ♭ in den Noten vorkommen, verändern sie die Stammtöne. Das kann entweder dauerhaft passieren oder nur für einen bestimmten Takt. Wenn in einem Song z. B. dauerhaft jedes F als Fis gespielt werden soll, wird das am Anfang der Notenzeile hinter dem Notenschlüssel mit einem ♯ auf der Linie der Note f’’ notiert.

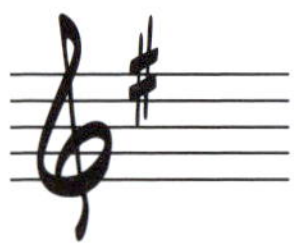

Das nennt man **Vorzeichen**. In der Praxis wird dann im gesamten Song jedes F immer als Fis gespielt wird. Es werden in diesem Fall also keine extra ♯ mehr vor die jeweiligen Noten geschrieben – das sorgt für eine gute Übersicht im Notenbild! Vorzeichen, egal ob ♯

oder ♭, legen also dauerhafte Veränderungen der Stammtöne in allen Oktavlagen fest und definieren die Tonart eines Musikstücks. siehe S. 76

Tauchen innerhalb der Noten ♯ oder ♭ auf, spricht man von **Versetzungszeichen**. Diese gelten immer bis zum Ende des jeweiligen Takts und nur in der Oktavlage, in der sie erscheinen. Soll in einem Takt also z. B. die Note as' gespielt werden, wird nur das erste a' mit einem ♭ markiert und alle darauffolgenden a' werden dadurch automatisch immer als as' gespielt – aber eben nur bis zum Taktende. Danach, ab dem nächsten Takt, wird die Note a' wieder als a' gespielt.

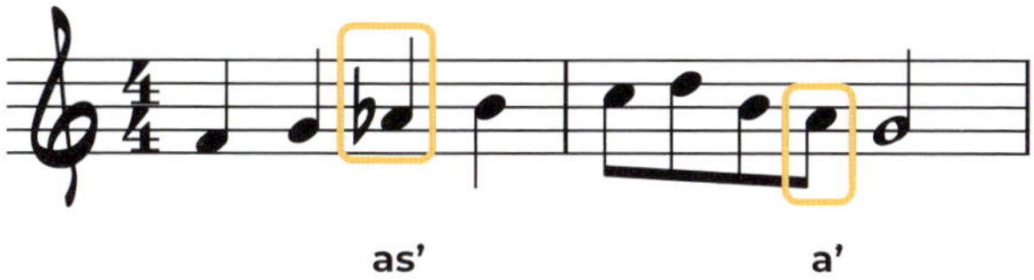

Was ist aber, wenn im selben Takt sowohl as' als auch a' (in derselben Oktavlage) gespielt werden soll? Hier kommt das **Auflösungszeichen** (♮) ins Spiel. Durch das Auflösungszeichen wird eine Note, die vorher entweder erhöht oder erniedrigt war, wieder „neutralisiert". Wenn innerhalb eines Takts also z. B. zuerst ein as' gespielt werden soll, danach aber wieder ein a', dann steht vor dem Ton a' das ♮. Es setzt quasi das vorherige Versetzungszeichen außer Kraft. Auch das ♮ gilt nur bis zum Ende des Takts und in derselben Oktavlage. Es löst übrigens nicht nur Versetzungszeichen, sondern auch Vorzeichen auf, die ja am Anfang der Notenzeile stehen.

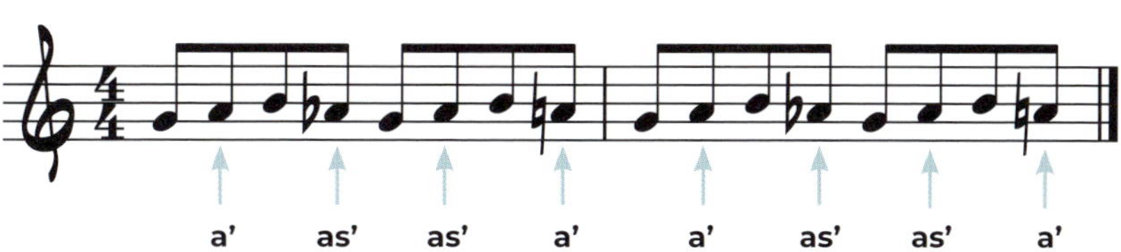

GOOD TO KNOW

Manchmal kommen auch doppelte Versetzungszeichen vor. Ein Doppel-Kreuz (𝄪) vor einer Note erhöht diese um zwei HTS und an den Notennamen wird die Silbe -isis gehängt. Ein Doppel-B (♭♭) erniedrigt einen Ton um zwei HTS und an den Notennamen wird die Silbe -eses gehängt.

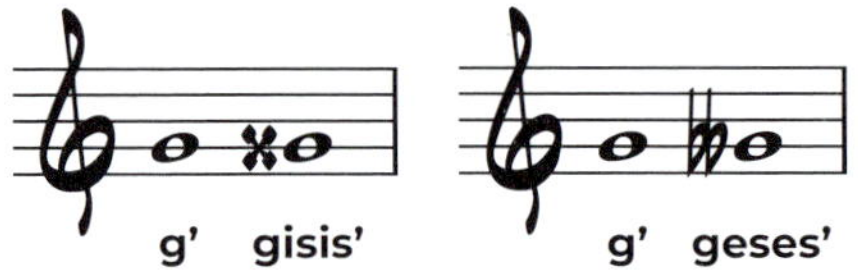

RHYTHMUS

DER PULS DER MUSIK

NOTEN- UND PAUSENWERTE

BINÄR VS. TERNÄR – TRIOLEN

SHUFFLE/SWING

HALTEBOGEN UND PUNKTIERUNG

TAKT UND TAKTARTEN

BETONUNGSMUSTER

WIE WIRD EIN RHYTHMUS GEZÄHLT?

SYNKOPEN

// Der Puls der Musik

Rhythmus ist überall! Der Blinker im Auto, die Kasse im Supermarkt, der Aufprall des Balls beim Tischtennis und natürlich – dein Herzschlag. Theoretisch könntest du ohne Rhythmus also nicht mal leben. Aber vor allem in der Musik spielt Rhythmus eine entscheidende Rolle, ja sogar noch mehr: Es gibt keine Musik ohne Rhythmus.

siehe S. 11

Jedem Musikstück oder Song liegt ein durchgängiger, gleichmäßiger Puls zugrunde[1], den man auch Grundschlag *(engl. „beat")* nennt . Dieser Puls kann eher langsam (z. B. 60 bpm) oder schneller (z. B. 140 bpm) sein. Teilt man den Grundschlag mithilfe von Taktstrichen in gleich lange Abschnitte, entstehen **Takte**. Das können zwei, drei, vier, fünf oder noch mehr Schläge pro Takt sein. Eine der häufigsten Varianten beinhaltet vier Schläge pro Takt.

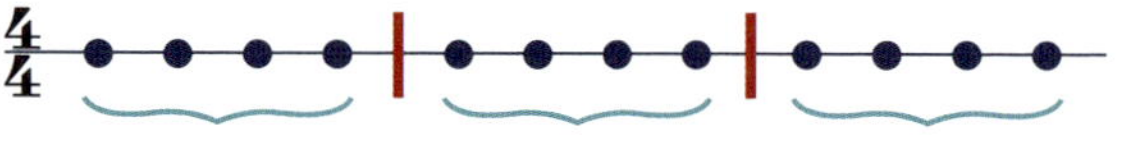

So ein Takt wird nun mit Noten und Pausen aufgefüllt, die zusammen eine Melodie oder ein Rhythmus-Pattern ergeben. Der jeweilige Noten- oder Pausenwert gibt dabei die Länge, also die Dauer der Note oder Pause im Verhältnis zum Grundschlag an.

1 Dies trifft vorzugsweise auf Songs aus der Jazz/Rock/Pop-Musik zu. In klassischer, zeitgenössischer und experimenteller Musik, sowie Musik anderer Musikkulturen gibt es gelegentlich eine etwas flexiblere Auffassung von Grundschlag.

// Noten- und Pausenwerte

Im Folgenden siehst du „Steckbriefe" der verschiedenen Noten- und Pausenwerte, in denen die wichtigsten Infos zu ihren Eigenschaften kompakt zusammengefasst sind.

Ganze Note

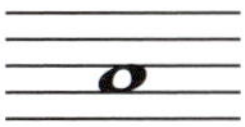

- Leerer Notenkopf, kein Notenhals.
- Klingt vier Schläge lang.

Ganze Pause

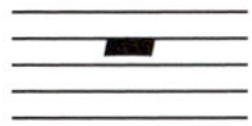

- Kleiner, dicker Balken unter der vierten Notenlinie, „hängt" daran[2].
- Vier Schläge lang kein Ton.

Halbe Note

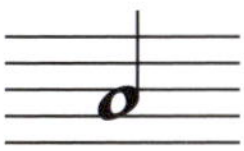

- Leerer Notenkopf, Notenhals.
- Klingt zwei Schläge lang.

Halbe Pause

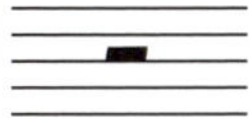

- Kleiner, dicker Balken auf der dritten Notenlinie, „liegt" darauf[2].
- Zwei Schläge lang kein Ton.

Viertelnote

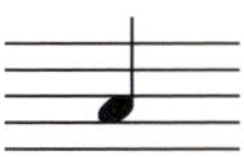

- Ausgefüllter Notenkopf mit Notenhals.
- Klingt einen Schlag lang.

Viertelpause

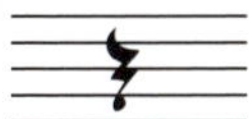

- Wie ein abstrakter Blitz mittig im Notensystem.
- Einen Schlag lang kein Ton.

Achtelnote

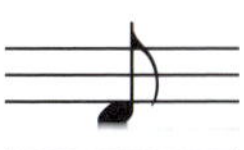

- Ausgefüllter Notenkopf mit Notenhals und Fähnchen. Bei zwei oder mehr Achtelnoten auch ein Balken als Verbindung möglich.
- Klingt einen halben Schlag lang.

Achtelpause

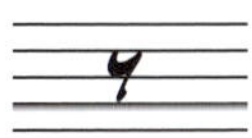

- Wie eine kleine, geschwungene 7 mittig im Notensystem.
- Einen halben Schlag lang kein Ton.

Sechzehntelnote

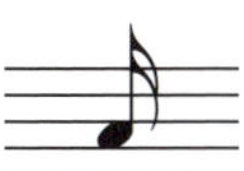

- Ausgefüllter Notenkopf mit Notenhals und zwei Fähnchen. Bei zwei oder mehr Sechzehntelnoten auch zwei Balken als Verbindung möglich.
- Klingt einen viertel Schlag lang.

Sechzehntelpause

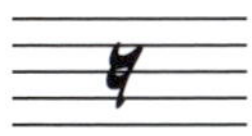

- Wie eine kleine, geschwungene 7 mit zwei Fähnchen mittig im Notensystem.
- Einen viertel Schlag lang kein Ton.

---

2 Merkhilfe zur Unterscheidung der halben und ganzen Pause: Ein ganzer Apfel hängt am Baum, so wie die ganze Pause an der vierten Linie hängt. Der halbe Apfel liegt geschnitten auf dem Tisch, so wie die halbe Pause auf der dritten Linie liegt.

Theoretisch können die Noten- und Pausenwerte noch unendlich weitergeführt werden mit 32telnoten, 64telnoten, 128telnoten, usw. Dabei wird jeweils ein weiteres Fähnchen an die Note und Pause gehängt. In der Praxis tauchen diese Noten- und Pausenwerte allerdings eher selten auf.

Wie die einzelnen Noten- und Pausenwerte zueinander im Verhältnis stehen, kannst du gut an diesem Balkendiagramm erkennen:

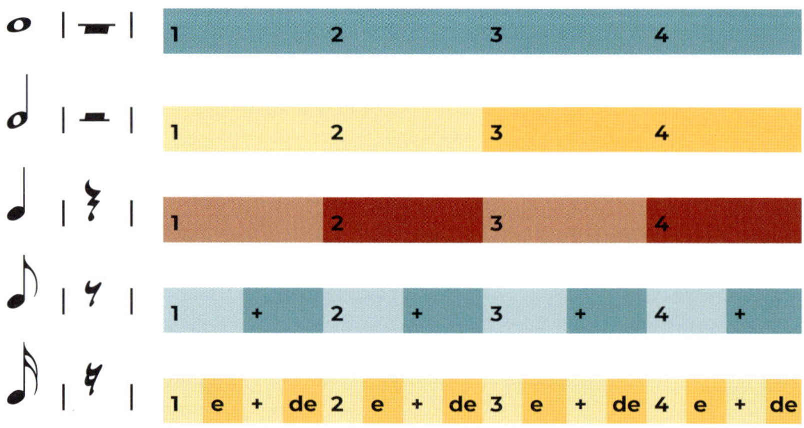

Die verschiedenen Notenwerte lassen sich immer durch zwei in den nächst kleineren Wert teilen. Eine ganze Note lässt sich in zwei halbe Noten, eine halbe Note in zwei Viertelnoten, eine Viertelnote in zwei Achtelnoten und eine Achtelnote in zwei Sechzehntelnoten teilen. Bei den Pausenwerten ist es genauso. Dementsprechend haben z. B. vier Achtelnoten den gleichen zeitlichen Wert wie eine halbe Note.

Die tatsächliche Dauer der Noten- und Pausenwerte ist immer mit dem Tempo des Grundschlags verknüpft. Das heißt, dass z. B. eine halbe Note in einem schnellen Tempo kürzer klingen kann als eine Viertelnote in einem langsamen Tempo.

// Binär vs. Ternär – Triolen

Die Noten und Pausen, die du bisher kennengelernt hast, gehören zu den binären Notenwerten. Binär kommt vom lateinischen Wort *bina* und bedeutet *paarweise*. Jeder Notenwert lässt sich durch zwei, also paarweise in kleinere Notenwerte, teilen.

Notenwerte können aber auch gleichmäßig durch drei geteilt werden. Dadurch entstehen **Triolen**. Sie gehören zu den ternären Notenwerten. Ternär kommt vom lateinischen Wort *ter* und bedeutet *drei*. Die einzelnen Noten einer Triole werden zwar mit den gleichen Notensymbolen notiert, die du schon kennst, aber mithilfe einer kleinen 3 und einer Klammer als zusammenhängende Triole gekennzeichnet.

So hat eine ganze Note den gleichen zeitlichen Wert wie zwei halbe Noten *(binär = durch zwei geteilt)* oder eine **halbe Triole** *(ternär = durch drei geteilt)*.

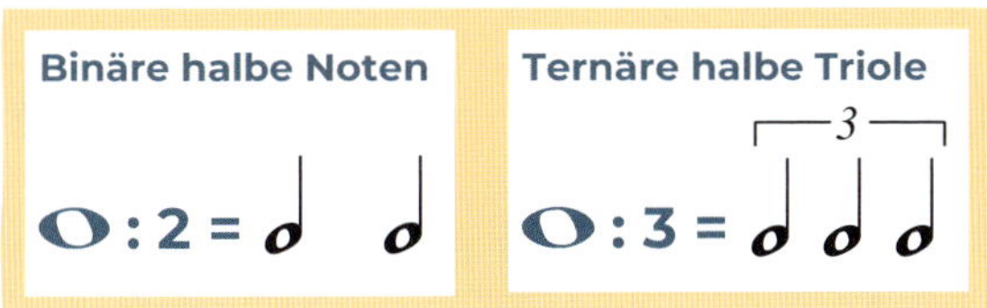

Das gleiche Prinzip greift natürlich auch bei den anderen Notenwerten. Eine halbe Note lässt sich durch drei in eine **Vierteltriole** teilen. Eine Viertelnote lässt sich durch drei in eine **Achteltriole** teilen und eine Achtelnote lässt sich durch drei in eine **Sechzehnteltriole** teilen. Du kannst dir merken, dass man zum Bilden einer Triole immer die nächst kleinere rhythmische Einheit benötigt.

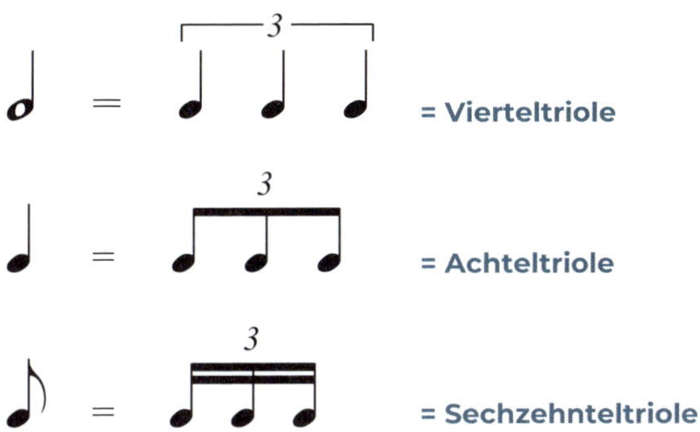

GOOD TO KNOW

Eine Triole kann auch mit unterschiedlichen Notenwerten gefüllt werden. So kann eine Achteltriole z. B. auch aus einer Viertelnote und einer Achtelnote bestehen *(siehe Shuffle/Swing)*. Rhythmisch bleibt das ternäre Feeling aber erhalten.

// Shuffle/Swing

Besonders im Jazz, aber auch in Soul- oder Popmusik werden Songs oft als **Shuffle** gespielt. Dabei bilden Achteltriolen die Grundlage. Der Shuffle- oder auch Swing-Rhythmus ist also ein ternärer Rhythmus. Hier wird bei jeder Triole das mittlere Triolen-Achtel einfach weggelassen, wodurch das typische Shuffle- bzw. Swing-Feeling entsteht. Bei einer alternativen Schreibweise werden die ersten beiden Triolenachtel mit einem Haltebogen verbunden.

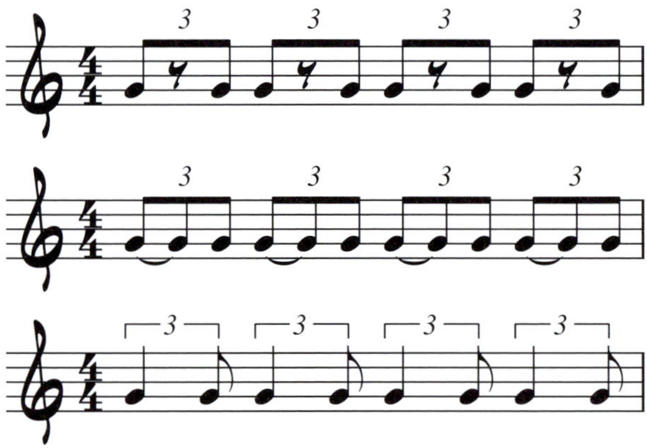

Aus Gründen der besseren Lesbarkeit werden diese Rhythmen in der Praxis oft gerade, also binär notiert. Gespielt werden sie trotzdem als geschwungene Achtel. Über den Noten findet man dann eine der folgenden Spielanweisungen:

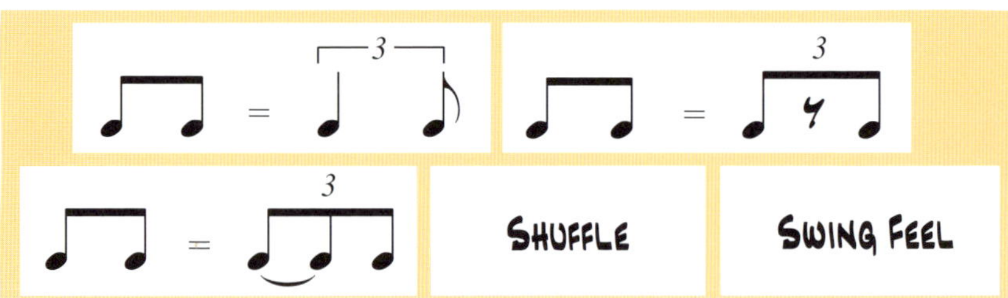

Wir haben dir hier eine Playlist mit bekannten Songs aus Jazz, Rock und Pop verlinkt, die triolisch phrasiert, also als Shuffle gespielt werden. Darunter sind z. B. „I Kissed A Girl" von Katy Perry, „The Way You Make Me Feel" von Michael Jackson oder „SOS" von Rihanna. Achte besonders auf den Schlagzeug-Groove.

// Haltebogen und Punktierung

Manchmal reichen die einzelnen Notenwerte nicht aus, um die Länge eines Tons oder einer Pause darzustellen. Wenn du z. B. eine Note mit drei Schlägen aufschreiben möchtest, wäre die halbe Note *(zwei Schläge)* dafür zu kurz und die ganze Note *(vier Schläge)* zu lang. Zum Glück können die verschiedenen Notenwerte miteinander kombiniert und damit verlängert werden. Das passiert mithilfe von **Haltebögen** und **Punktierungen**.

So gibt es z. B. diese beiden Möglichkeiten eine Note mit drei Schlägen zu notieren.

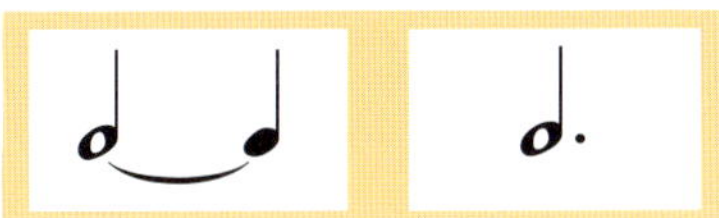

Der Haltebogen *(auch „Ligaturbogen")* verbindet zwei oder mehr Noten gleicher Tonhöhe zu einem Ton. Die angebundene(n) Note(n) werden dabei nicht erneut angespielt. Im Beispiel wird die halbe Note *(zwei Schläge)* durch den Haltebogen mit einer Viertelnote *(ein Schlag)* verbunden und damit verlängert. Die Notenwerte werden jetzt einfach zusammengerechnet, der Ton klingt also drei Schläge lang. Haltebögen können nicht bei Pausenwerten benutzt werden.

Bei der Punktierung verlängert der Punkt hinter einer Note diese um die **Hälfte ihres Werts**. Eine halbe Note mit einem Punkt hat demnach den Wert der halben Note *(zwei Schläge)* + ihrer Hälfte *(ein Schlag = eine Viertelnote)*. Die punktierte halbe Note ist also drei Viertel lang. Punktierungen können bei allen Noten- und Pausenwerten auftreten.

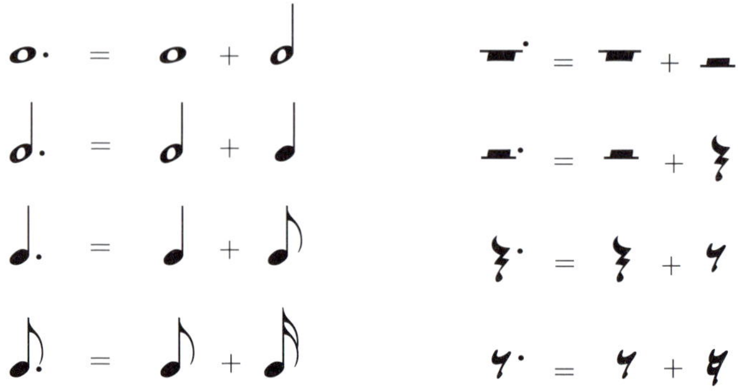

GOOD TO KNOW

In einigen Fällen nutzt man sogar Doppelpunktierungen. Dabei hat der zweite Punkt die Hälfte des Werts des ersten Punkts. Die doppelpunktierte halbe Note hätte demnach den Wert der halben Note *(zwei Schläge)* + deren Hälfte *(ein Schlag = eine Viertelnote)* + deren Hälfte *(ein halber Schlag = eine Achtelnote)*. Insgesamt ist sie 3,5 Schläge lang.

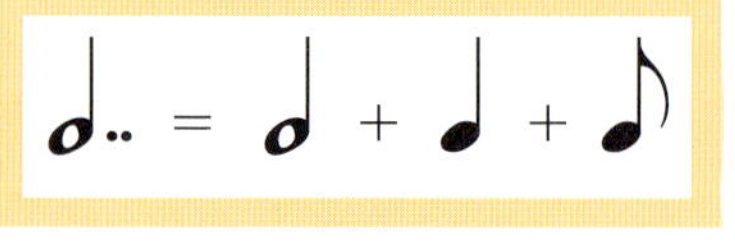

Wann Haltebögen oder Punktierungen verwendet werden, hängt immer vom musikalischen Kontext ab. In der Regel entscheidet man sich für die Variante mit der besseren Lesbarkeit. So würde man beim folgenden Beispiel eher Haltebögen anstatt Punktierungen nutzen, um die Unterteilung der Schläge und damit die Taktmitte besser und schneller erkennen zu können.

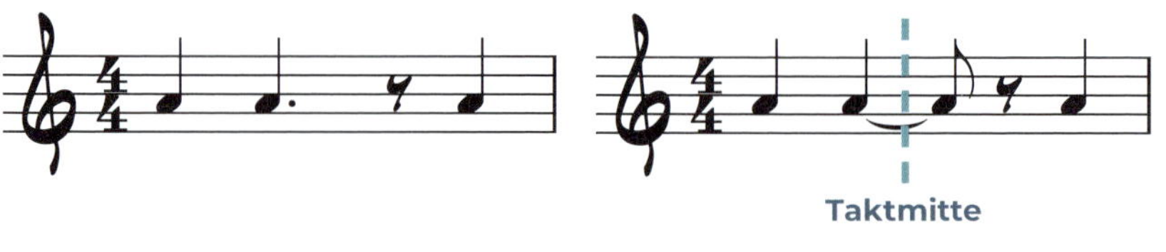

Haltebögen lassen sich auch über Taktstriche hinweg nutzen. Mit Punktierungen ist das nicht möglich.

// Takt und Taktarten

Der Grundschlag ist das rhythmische Fundament eines Songs. Dieses Fundament braucht Struktur. Hier kommen die **Takte** ins Spiel. Takte sind – wie schon gesagt – gleich lange Abschnitte aus zwei, drei, vier oder mehr Grundschlägen. Wieviele Schläge genau in einen Takt passen und wie diese betont werden, wird durch die **Taktart** festgelegt. Sie wird als Zahlenbruch (ohne Bruchstrich) dargestellt und am Anfang des Stücks hinter dem Notenschlüssel (und ggf. den Vorzeichen) notiert. In unserer westlichen Musikkultur ist der 4/4-Takt die häufigste Taktart.

siehe S. 22

**Zähler: Die Anzahl der Notenwerte.
Hier passen also vier Viertelnoten (= vier Schläge) in einen Takt.**

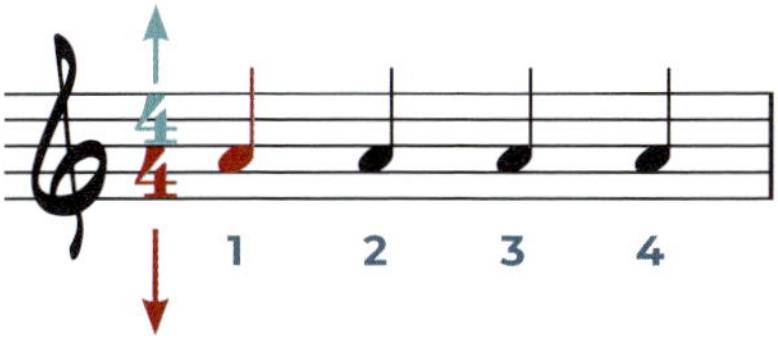

**Nenner : Der Notenwert des Grundschlags.
Die Zahl 4 steht für Viertelnoten.**

Manchmal wird die Angabe des 4/4-Takts auch mit einem C notiert. Besonders in klassischer Literatur ist das öfter zu finden.

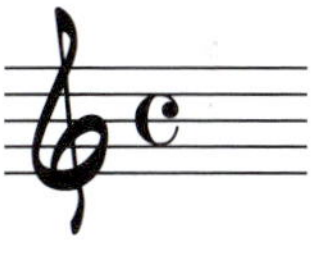

Es gibt natürlich noch weitere Taktarten. Für alle gilt dieselbe Regel: Der Zähler *(= die obere Zahl)* gibt an, wieviele Notenwerte des Nenners *(= die untere Zahl)* in einen Takt passen. Beim Nenner, der den Notenwert des Grundschlags bestimmt, steht die Zahl 2 für halbe Noten, die Zahl 4 für Viertelnoten und die Zahl 8 für Achtelnoten.

**In diesen Takt passen
3 Viertelnoten.**

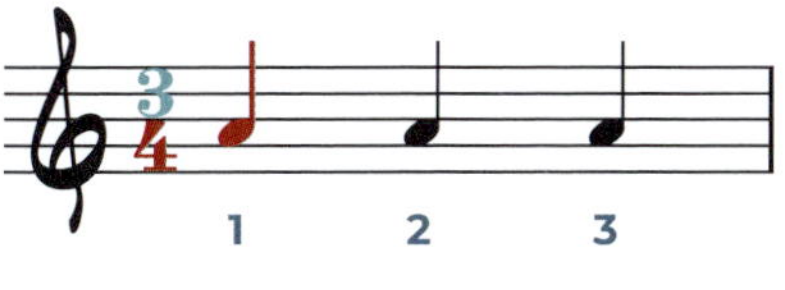

**In diesen Takt passen
2 halbe Noten.**

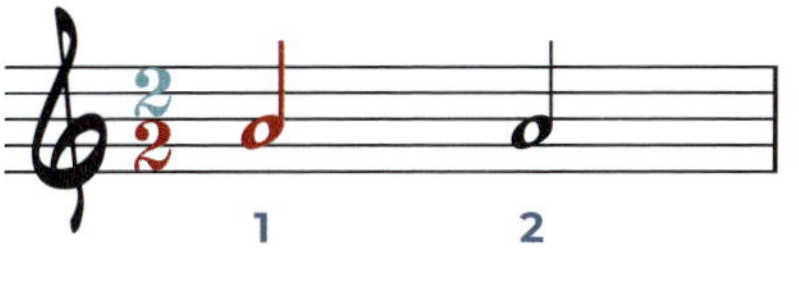

In diesen Takt passen 6 Achtelnoten.

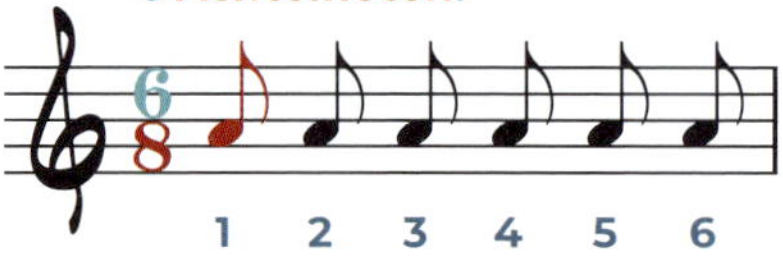

In diesen Takt passen 5 Viertelnoten.

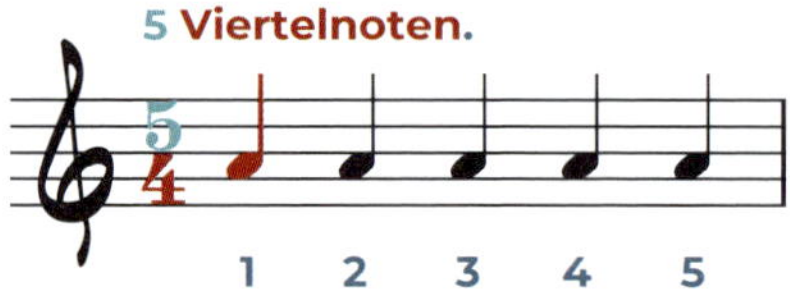

Die Taktart ist eine Einteilung des Grundschlags in strukturierte Abschnitte, sie legt quasi den rhythmischen Raum eines Songs fest. Darum können die Takte natürlich mit verschiedenen Noten- und Pausenwerten aufgefüllt werden.

GOOD TO KNOW

Innerhalb eines Songs kann es auch Taktwechsel geben. Die „alte" Taktart wird abgelöst, indem die „neue" Taktart am Anfang eines Takts mitten in den Noten erscheint. Ab dann wird in der „neuen" Taktart bis zum Ende des Songs oder bis zum nächsten Taktwechsel gezählt.

// Betonungsmuster

Jedem Schlag in einem Takt wird aufsteigend eine Zahl zugeordnet – die **Zählzeiten**. Ein 4/4-Takt hat demnach vier Zählzeiten. Diese kann man auch mitzählen. Um einen Rhythmus allein durchs Hören gut zu erkennen, werden die einzelnen Zählzeiten unterschiedlich stark betont. Bei einem 4/4-Takt wird z. B. die erste Zählzeit stark und die dritte Zählzeit etwas weniger stark betont. Die zweite und vierte Zählzeit bleiben unbetont. Dadurch entsteht ein regelmäßiges Muster *(auch „Metrum")* aus betonten und unbetonten bzw. „schweren" und „leichten" Zählzeiten. Jede Taktart hat ihr eigenes Betonungsmuster.[2]

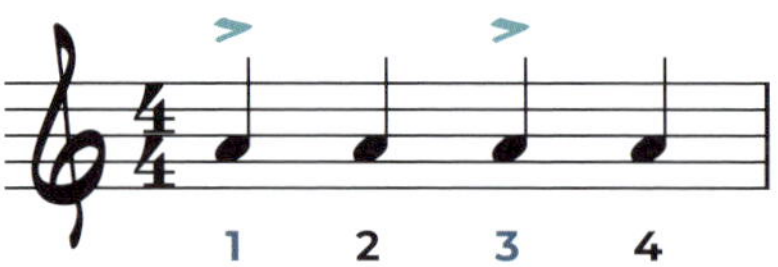

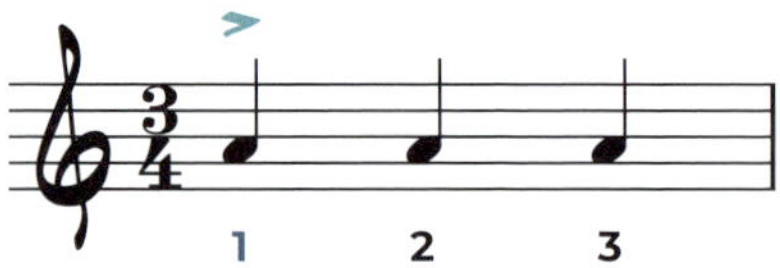

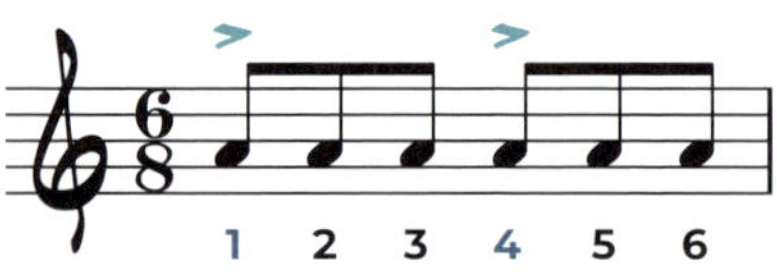

2 In anderen Kulturen (z. B. lateinamerikanischer Musik) können die Betonungen evtl. auf anderen Zählzeiten liegen.

// Wie wird ein Rhythmus gezählt?

Jede rhythmische Einheit eines Takts hat ein festgelegtes „Zählmuster“. Somit lässt sich z. B. auch mit anderen Musikerinnen und Musikern klar kommunizieren, an welcher Stelle eines Takts eine bestimmte Note gespielt werden soll. Beim Zählen orientiert man sich am Grundschlag, also an den schweren Haupt-Zählzeiten der jeweiligen Taktart. Sie werden auch On-Beats genannt und bei Bedarf laut mitgezählt. In einem 4/4-Takt entsprechen sie gleichzeitig den vier Viertelnoten.

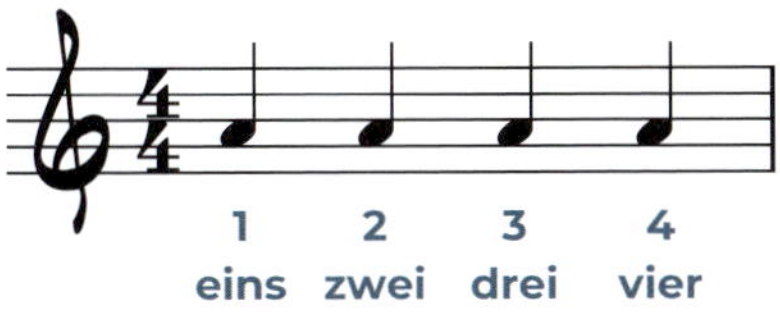

Unterteilt man jede Zählzeit in die nächst kleinere Einheit, entstehen die sogenannten Off-Beats. Am besten ist das in einem 4/4-Takt anhand von Achtelnoten zu erkennen. Jede zweite Achtelnote liegt zwischen den Haupt-Zählzeiten und somit auf einem Off-Beat. Diese Zählzeit wird mit einem „+“ dargestellt *(gesprochen: „und“)*.

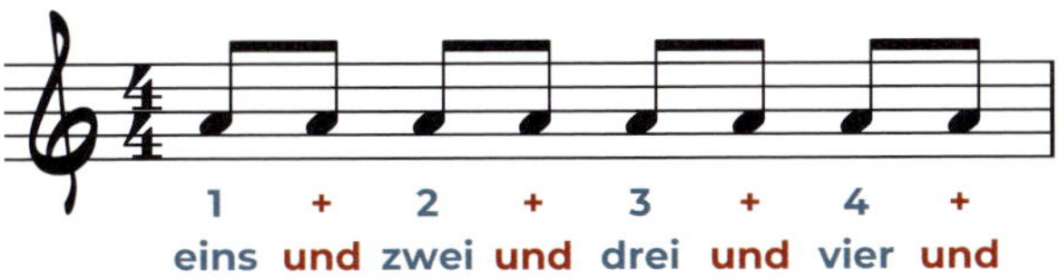

Das „**+**“ steht dabei immer in Verbindung mit der vorherigen Haupt-Zählzeit. So wird z.B. der Off-Beat, auf dem die vierte Achtelnote liegt als „2und“ bzw. „2+“ bezeichnet, da sie zur Haupt-Zählzeit „2“ gehört.

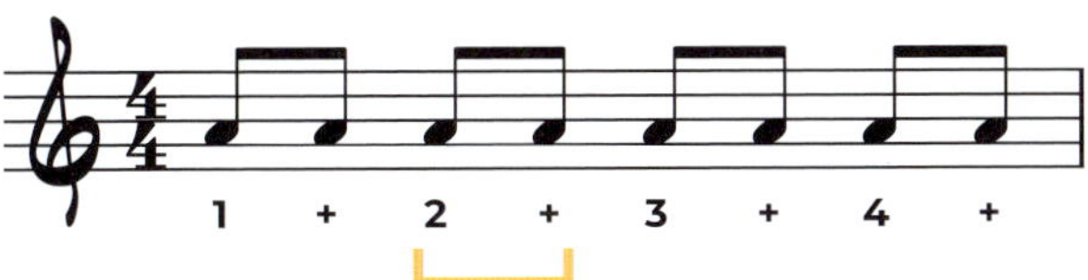

Die nächst kleinere Unterteilung entspricht 16 Sechzehntelnoten. Hier wird jede Zählzeit in vier Teile unterteilt. Somit entsteht zwischen den On-Beats und Off-Beats jeweils noch eine zusätzliche rhythmische Einheit. Diese werden mit den Buchstaben „e“ und „de“ dargestellt und gezählt, das ist die gängiste Bezeichnung:

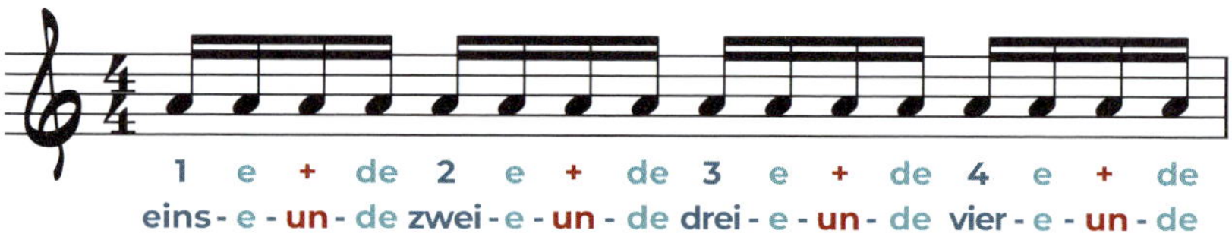

Beim Zählen von Triolen verhält es sich wie folgt:

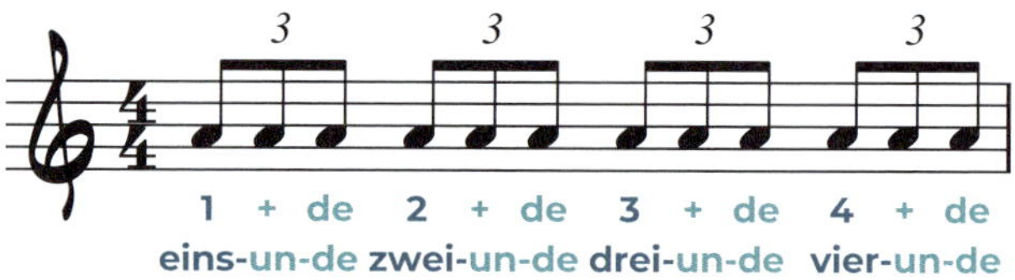

Ein kleiner Hinweis: Du kannst leider nicht grundsätzlich davon ausgehen, dass z. B. Achtelnoten immer „1 + 2 + 3 + 4 +“ gezählt werden, da das Zählmuster von der Taktart abhängt. So bilden Achtelnoten in einem 6/8-Takt den Grundschlag, also die Haupt-Zählzeiten und werden deshalb so gezählt:

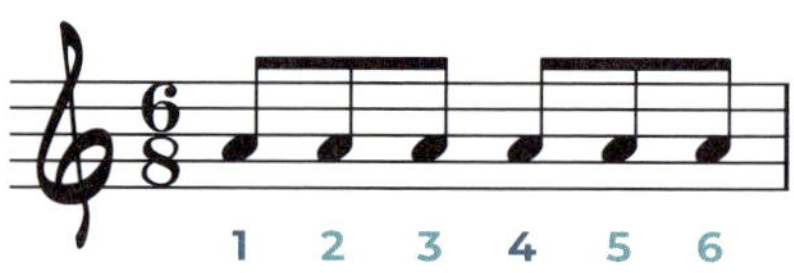

Du kannst dir merken, dass alle relevanten Informationen zum Zählen eines Rhythmus in der Taktart enthalten sind. Der Nenner der Taktart gibt immer den Grundschlag an.

// Synkopen

Eine Synkope ist eine rhythmische Verschiebung, also eine Schwerpunktverlagerung im Takt. Sie ist eine Betonung auf einer eigentlich unbetonten Zählzeit, wodurch sich das gewohnte Betonungsmuster verschiebt. Synkopen können so für rhythmische Abwechslung sorgen.

Beim Betonungsmuster des 4/4-Takts *(1. und 3. Zählzeit schwer, 2. und 4. Zählzeit leicht)* würde sich durch eine Synkope die Betonung z. B. auf die vierte Zählzeit verlagern, wodurch der Effekt eines „vorgezogenen Rhythmus“ entsteht.

Reguläre Betonung

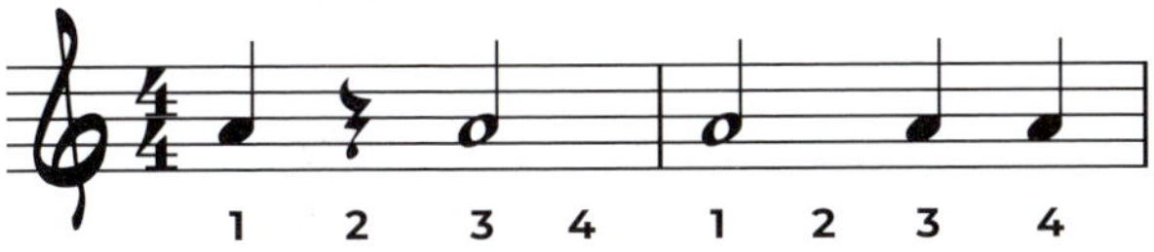

Synkope auf 4. Zählzeit

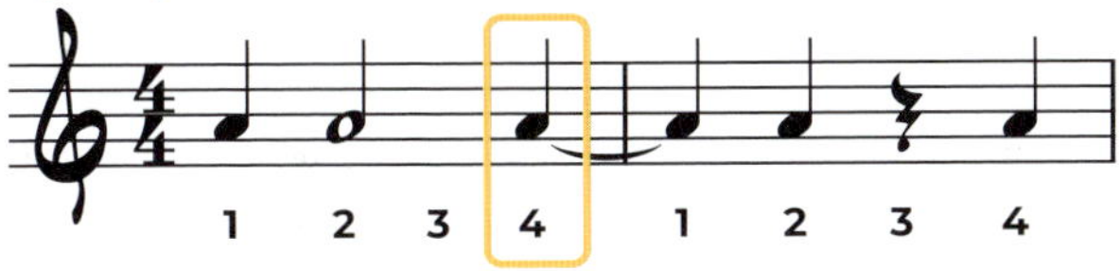

Synkopen liegen oft auch zwischen den Zählzeiten, also auf den Off-Beats. Hier ist der Effekt des „vorgezogenen Rhythmus“ besonders stark.

siehe S. 31

Reguläre Betonung

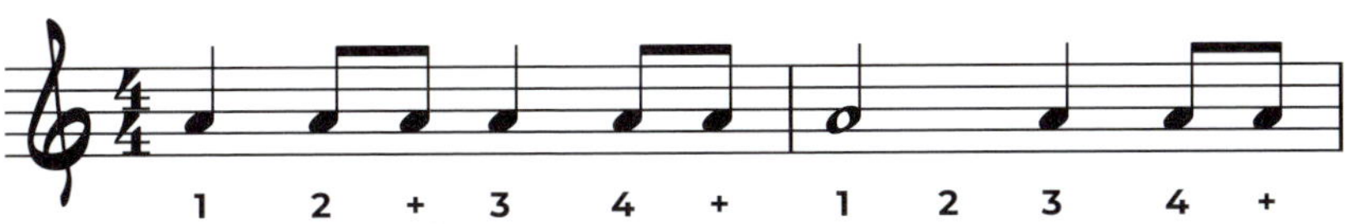

Synkopen auf Off-Beats

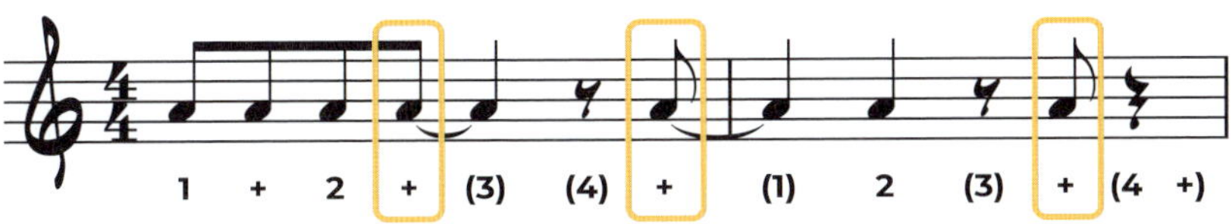

Hier findest du eine Playlist mit Songs, deren Harmonien oder Melodien mit vielen Synkopen komponiert sind, u. a. „Leichtes Gepäck" von Silbermond oder „Chöre" von Mark Forster.

STAMMTON-INTERVALLE

DREI INTERVALLTYPEN

STEP BY STEP: INTERVALLE BILDEN & BESTIMMEN

KONSONANZEN UND DISSONANZEN

INTER VALLE

// Stammmton-Intervalle

Intervalle sind grundlegende Bausteine in der Musiktheorie und beschreiben die Beziehung zwischen verschiedenen Tönen. Sie sind von entscheidender Bedeutung, um Melodien, Akkorde und Harmonien zu verstehen, zu bauen und zu gestalten.

Ein Intervall beschreibt immer den Tonhöhen-Abstand zwischen zwei Tönen. Dieser Abstand wird in Halbtonschritten (HTS) gemes-sen. Du kannst ihn anhand von Noten ablesen oder mit dem Gehör wahrnehmen und bestimmen. Intervalle können entweder gleich-zeitig *(simultan)* oder nacheinander *(sukzessiv)* gespielt werden.

siehe S. 15

Die Bezeichnung der Intervalle kommt durch Nummerieren der Stufen einer Dur-Tonleiter zustande. Ausgangspunkt sind dabei die Stammtöne. Beginnt man die Stammton-Reihe mit dem Ton C, entsteht die C-Dur-Tonleiter.

siehe S. 11
siehe S. 46

C-Dur Tonleiter

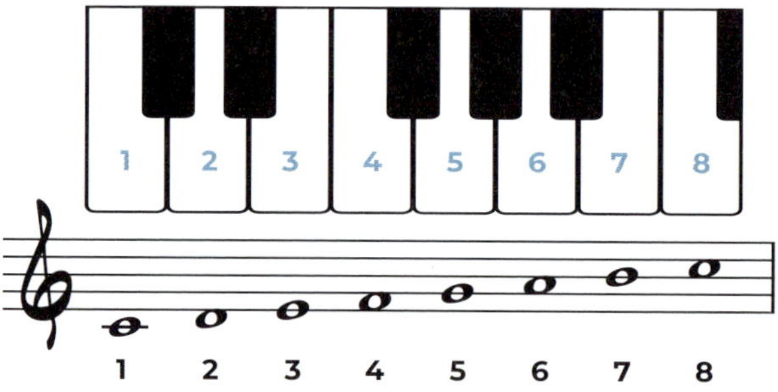

Um Intervalle, also Abstände zu bestimmen, braucht es einen Ausgangspunkt bzw. einen Referenzton, auf den sich alle anderen Töne beziehen – in diesem Fall das c'. In der folgenden Tabelle siehst du – ausgehend vom Ton c' – alle sogenannten **Stammton-Intervalle**. Sie sind die Grundlage zum Bilden und Bestimmen aller Intervalle. Die nummerierten Stufen der Tonleiter haben lateinische Bezeichnungen.

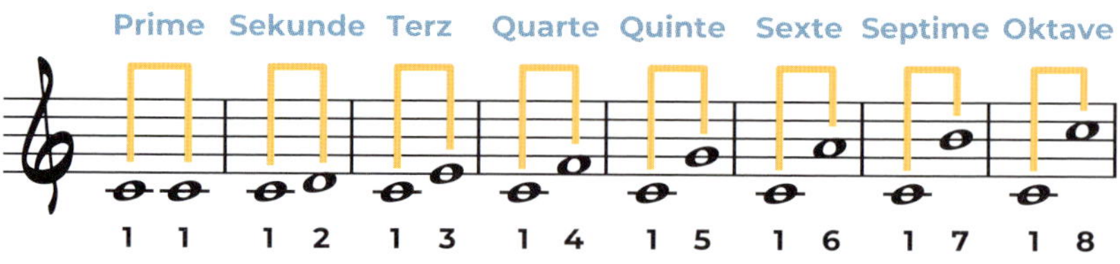

Am Ton C und mithilfe der Klaviatur kann man die Intervalle zwar gut demonstrieren, sie sind aber nicht an diese Töne gebunden – es geht immer um den Abstand (!) zum Ausgangston. Jedes dieser Intervalle kann grundsätzlich von jedem Ton aus gebildet werden. Das hier sind z. B. alles Quinten:

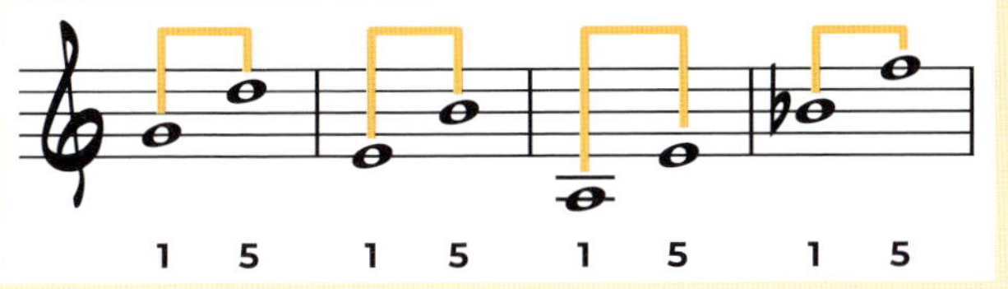

Neben den Stammtönen gibt es ja noch die Töne auf den schwarzen Tasten des Klaviers. Um vom c' auch den Abstand zu diesen alterierten Tönen zu benennen, lassen sich einige der Intervalle weiter aufteilen.

INTERVALLE

// Drei Intervalltypen

Um Intervalle zu bestimmen, ist einzig und allein die Anzahl der HTS entscheidend. Man unterscheidet drei Intervalltypen: Es gibt die **reinen Intervalle**. Es gibt Intervalle, von denen es zwei Varianten gibt – die **kleinen & großen Intervalle**. Und es gibt die **übermäßigen & verminderten Intervalle**.

1) Reine Intervalle

Die reinen Intervalle kommen unverändert ohne Namenszusatz vor. Zu den reinen Intervallen gehören die Prime, Quarte, Quinte und Oktave.

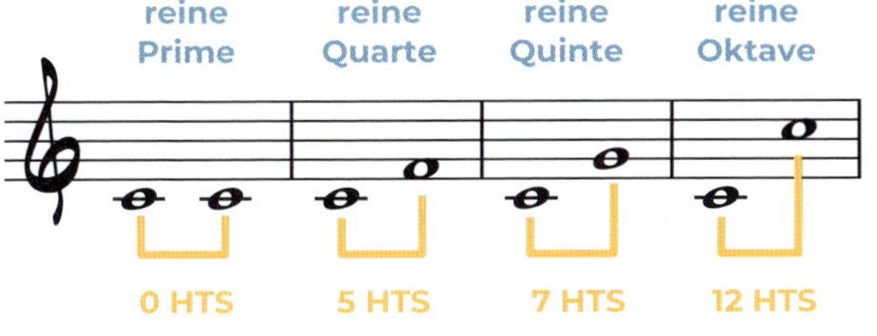

2) Kleine und große Intervalle

Die anderen Intervalle gibt es in zwei Varianten: Die kleine & große Sekunde, die kleine & große Terz, die kleine & große Sexte und die kleine & große Septime. Achte dabei besonders auf die genaue Anzahl der HTS!

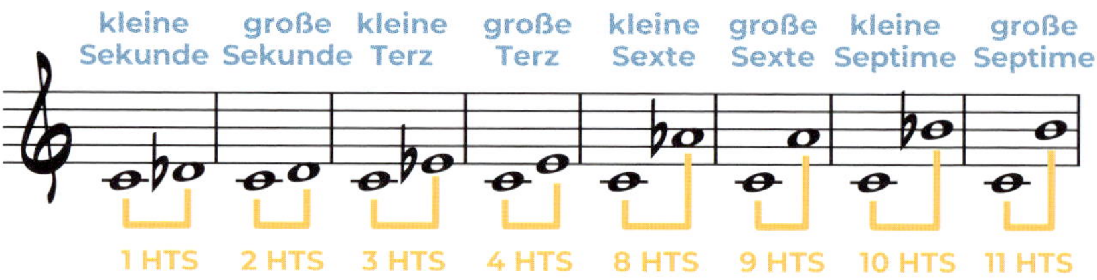

Übersicht der Intervalle

Intervall	HTS	Kürzel
reine Prime	0	1
kleine Sekunde	1	♭2
große Sekunde	2	2
kleine Terz	3	♭3
große Terz	4	3
reine Quarte	5	4
übermäßige Quarte/ verminderte Quinte	6	♯4/♭5

Intervall	HTS	Kürzel
reine Quinte	7	5
kleine Sexte	8	♭6
große Sexte	9	6
kleine Septime	10	♭7
große Septime	11	7
reine Oktave	12	8

TIPP: Den Klang der Intervalle kann man sich mithilfe von Lied-Anfängen gut merken. In diesem Video findest du zu jedem Intervall einen passenden Song.

3) Übermäßige und verminderte Intervalle

Alle Intervalle können zusätzlich vergrößert oder verkleinert werden. Erhöht man den Abstand eines reinen oder großen Intervalls zusätzlich durch ein ♯-Versetzungszeichen oder Auflösungszeichen (♮), dann bezeichnet man dieses Intervall als **übermäßig**. Verringert man den Abstand zwischen einem reinen oder kleinen Intervall durch ein ♭-Versetzungszeichen oder Auflösungszeichen, dann bezeichnet man dieses Intervall als **vermindert**.

Am häufigsten tauchen diese Intervalle bei der übermäßigen Quarte oder der verminderten Quinte auf. Sie haben jeweils einen

Abstand von sechs HTS *(siehe Tabelle)*. Ob es sich um eine übermäßige Quarte oder verminderte Quinte handelt, hängt davon ab, welches Stammton-Intervall zugrunde liegt.

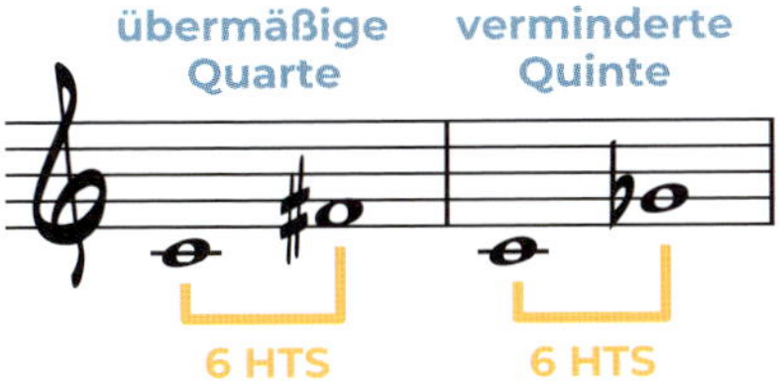

Man nennt dieses Intervall auch Tritonus, es ist eines der spannungsreichsten Intervalle. Deswegen wurde es früher auch als „Teufels-Intervall“ bezeichnet und in klassischen Kompositionen oft gemieden. Der Tritonus kommt in allen Musikgenres vor, ist aber besonders charakteristisch für Blues- und Jazzmusik.

GOOD TO KNOW

Auch die Abstände von großen und kleinen Intervallen können vergrößert bzw. verkleinert werden. Dies kommt aber selten vor. Dazu hier ein Beispiel, falls dir so ein Intervall doch mal über den Weg laufen sollte:

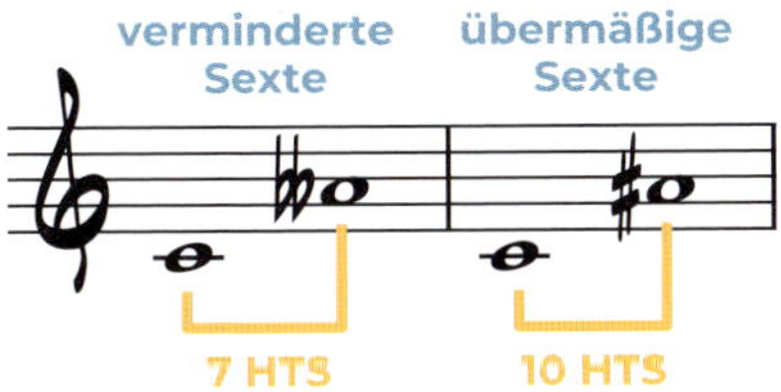

Die übermäßige Sexte hat zwar genauso viele HTS wie die kleine Septime, allerdings ist das zugrunde liegende Stammton-Intervall eben eine Sexte, die zusätzlich erhöht wurde. Deswegen wird dieses Intervall als übermäßige Sexte bezeichnet.

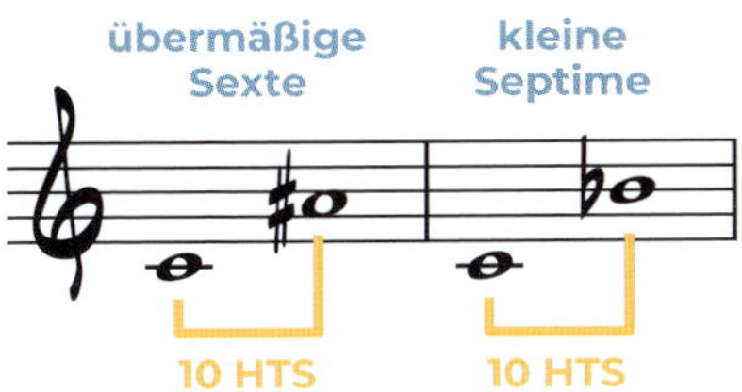

GOOD TO KNOW

(siehe S. 72)

Es gibt auch Intervalle über einer Oktave. Das sind die kleine und große None *(13 und 14 HTS)*, die kleine und große Dezime *(15 und 16 HTS)*, die reine Undezime *(17 HTS)*, die übermäßige Undezime bzw. verminderte Duodezime *(18 HTS)*, die reine Duodezime *(19 HTS)* und die kleine und große Tredezime *(20 und 21 HTS)*. Vor allem bei Akkordsymbolen tauchen sie mit ihren Intervall-Kürzeln als zusätzliche Optionsnoten auf. Besonders die 9 *(None)*, 11 *(Undezime)* und 13 *(Tredezime)* und ihre erhöhten oder erniedrigten Varianten sind beliebte Akkord-Erweiterungen.

// STEP by STEP

Mit der folgenden Schritt-für-Schritt Anleitung kannst du alle Intervalle immer richtig bilden und bestimmen. In den Beispielen kommen nur aufsteigende Intervalle vor, die Vorgehensweise funktioniert aber genauso auch für absteigende Intervalle.

Intervalle bilden

Schritt 1

Im folgenden Beispiel sollst du die große Terz vom Ton a' aus bilden. Bilde dazu immer zuerst vom Ausgangston das passende Stammton-Intervall. Nimm dir gerne eine Klaviatur zu Hilfe! Versetzungszeichen (♯ oder ♭) brauchst du in diesem Schritt noch nicht.

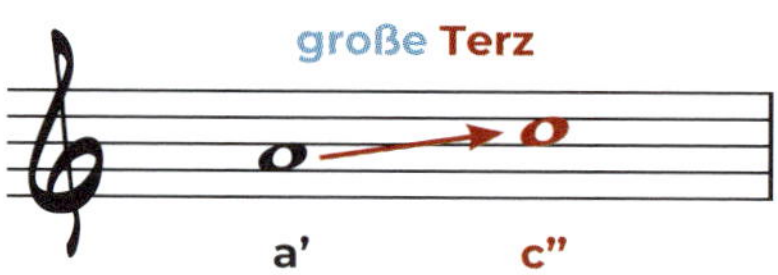

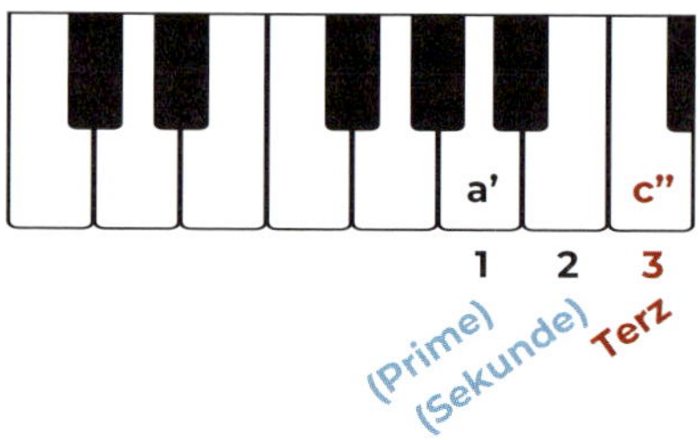

Schritt 2

Zähle jetzt die exakten Halbtonschritte (HTS) zwischen den beiden Noten. Passe, wenn nötig, den Abstand der Töne mit Versetzungszeichen an! Besonders bei diesem Schritt ist eine Klaviatur zum Abzählen der HTS hilfreich. Um im folgenden Beispiel eine große Terz *(4 HTS)* zu bilden, musst du vor das c'' ein ♯ setzen, da zwischen a' und c'' nur drei HTS liegen. Durch das ♯ werden es vier HTS und damit eine große Terz.

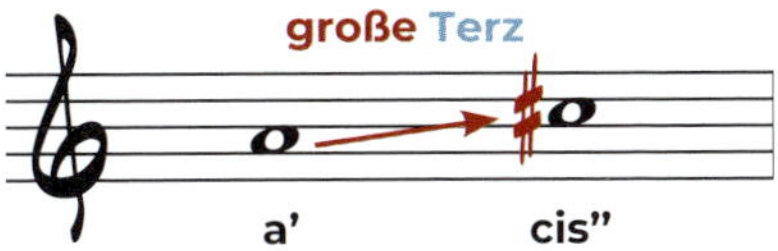

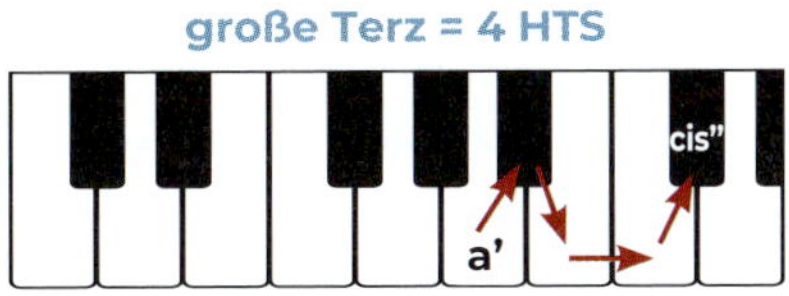

Intervalle bestimmen

Schritt 1

Bestimme zuerst das Stammton-Intervall. Versetzungszeichen (♯ oder ♭) werden in diesem Schritt noch nicht beachtet. Nimm dir gerne eine Klaviatur zu Hilfe!

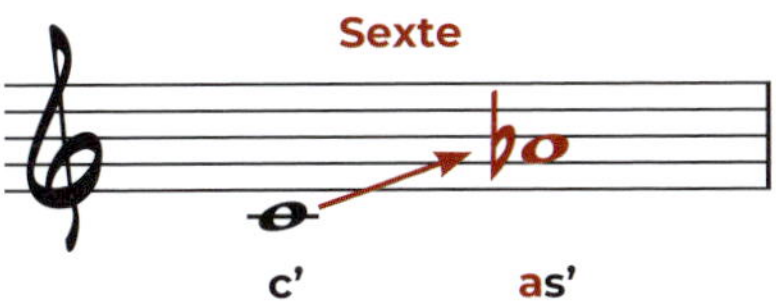

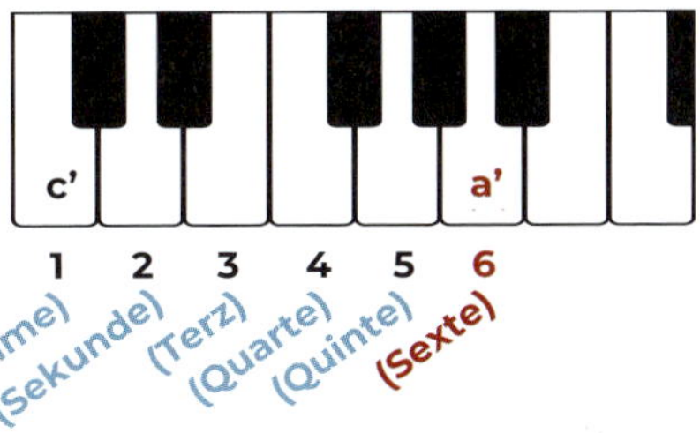

In diesem Fall handelt es sich um eine Sexte.

Schritt 2

Zähle die exakten Halbtonschritte (HTS) zwischen den beiden Noten. Hier musst du die Versetzungszeichen beachten! Auch in diesem Schritt ist eine Klaviatur zum Abzählen der Halbtonschritte hilfreich.

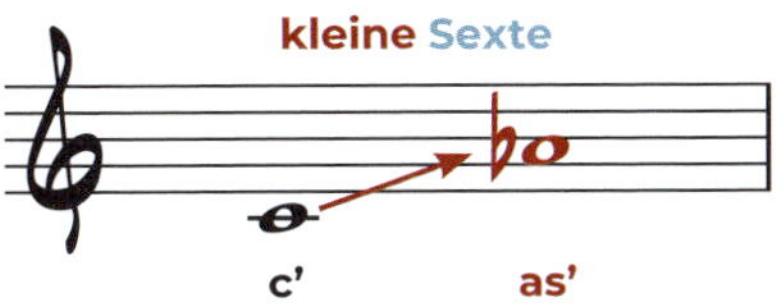

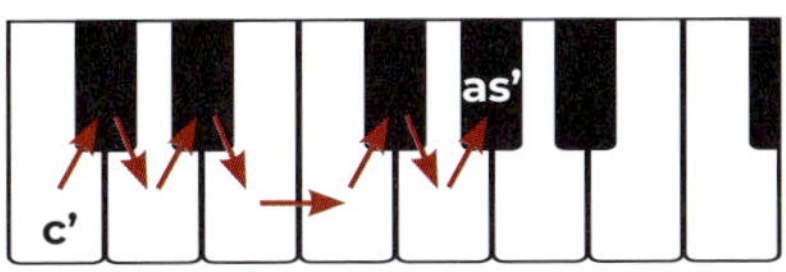

Das Intervall im Beispiel hat einen Abstand von acht HTS. Es ist also eine kleine Sexte.

// Konsonanzen und Dissonanzen

Intervalle können nach ihren klanglichen Qualitäten beurteilt werden. Besonders wenn die Töne gleichzeitig gespielt werden, wird deutlich, dass alle Töne in klanglichen Spannungsverhältnissen zueinander stehen.

Konsonanzen sind harmonisch angenehme und klanglich stabile Intervalle. Sie erzeugen in der Regel einen wohlklingenden Klang. Konsonanzen tragen oft zur harmonischen Stabilität in der Musik bei und bilden somit einen Ruhepol innerhalb eines Musikstücks oder Songs.

Im Gegensatz dazu erzeugen dissonante Intervalle eine gewisse Spannung, die sich in eine Konsonanz auflösen will. **Dissonanzen** klingen daher weniger stabil. Diese spannungsreichen Klänge werden häufig verwendet, um musikalische Spannung zu erzeugen und dramatische Effekte in der Musik zu erzielen.

Dass Konsonanzen als angenehm empfunden werden und Dissonanzen eher nicht, soll aber nicht bedeuten, dass in Songs nur Konsonanzen verwendet werden. In der Musikpraxis werden Konsonanzen und Dissonanzen miteinander kombiniert, um musikalische Emotionen und Bewegungen aufzubauen und wieder abzubauen. Das trägt wesentlich zur musikalischen Vielfalt und Tiefe bei.

Die Intervalle lassen sich anhand ihrer Spannung in drei Gruppen unterteilen:

1) Vollkommene konsonante Intervalle

Das sind alle reinen Intervalle (*nach Spannungsgrad sortiert*):

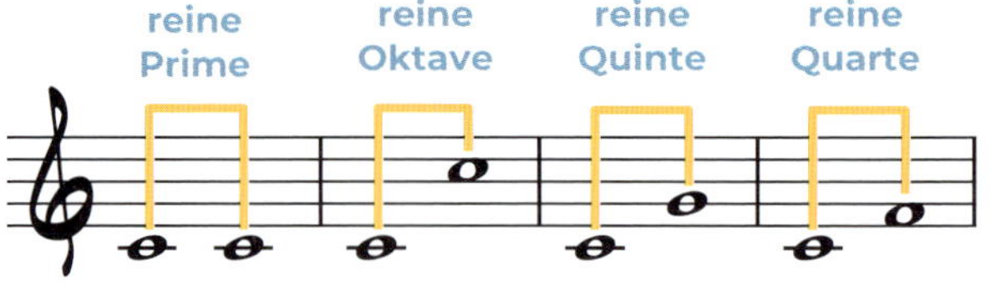

Die reinen Intervalle klingen konsonant, enthalten also wenig Spannung. Die Quarte hat hier allerdings eine kleine Sonderstellung. Für sich alleine klingt sie wie ein konsonantes Intervall, sie kann in manchen musikalisch-harmonischen Situationen jedoch auch als dissonant wahrgenommen werden.

2) Unvollkommene konsonante Intervalle

In der folgenden Grafik sind die Intervalle von links *(weniger Spannung)* nach rechts *(mehr Spannung)* nach ihrem Spannungsgrad sortiert:

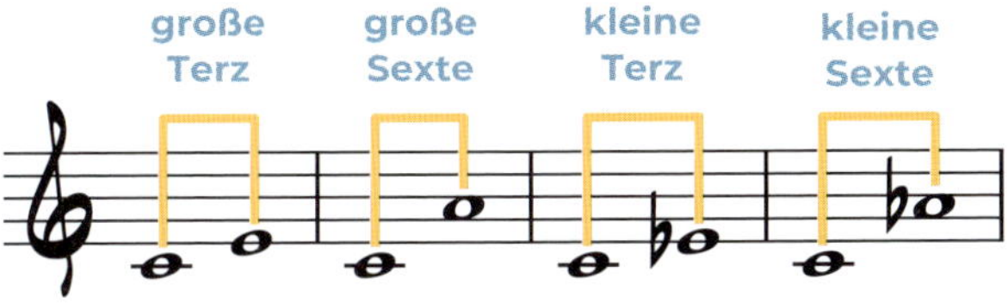

Diese Intervalle klingen spannungsreicher als die vollkommenen Konsonanzen. Im musikalischen Kontext fügen sie sich aber trotzdem klanglich gut ein.

3) Dissonante Intervalle:

Auch diese Intervalle sind nach ihrem Spannungsgrad sortiert:

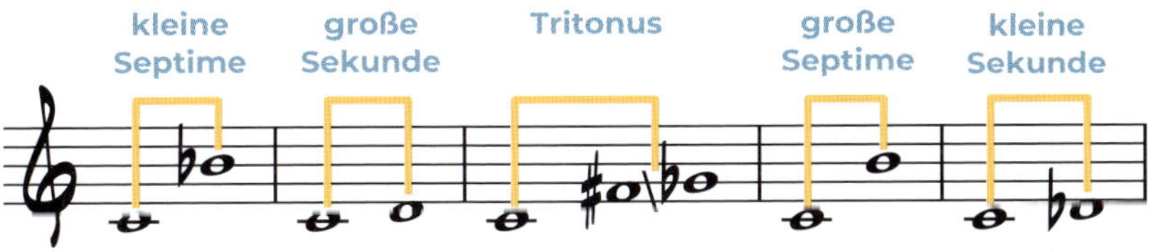

Für sich alleine klingen diese Intervalle sehr dissonant. Im musikalisch-harmonischen Kontext bringen sie Farbe und Abwechslung in den Klang. Unser Hörempfinden hat sich heutzutage außerdem sehr an dissonante Klangfarben gewöhnt, sodass manchmal sogar dissonante Klänge als Ruhepol gelten, v. a. in der Jazz/Rock/Pop-Musik.

TON LEI TERN

DUR- UND MOLL-TONLEITER

LEITTON UND GLEITTON

HARMONISCHE UND MELODISCHE MOLL-TONLEITER

STEP BY STEP: TONLEITERN BILDEN & BESTIMMEN

PENTATONIK

Eine **Tonleiter** *(auch „Skala")* ist eine Folge von Tönen, die der Tonhöhe nach geordnet aneinander gereiht werden. Es gibt viele verschiedene Kombinationsmöglichkeiten, dementsprechend gibt's auch viele unterschiedliche Tonleitern. Dabei hat jede ihren eigenen Bauplan aus Halb- und Ganztonschritten (*HTS und GTS*).

siehe S. 15

Die beiden Tonleitern, die sich am meisten durchgesetzt haben, sind die **Dur-** und **Moll-Tonleiter**. Sie bilden die Grundlage von Millionen Songs auf dieser Welt. Die Begriffe Dur und Moll bezeichnen das jeweilige Tongeschlecht, welches maßgeblich für den Sound, also den Klangcharakter von Musik, verantwortlich ist.

// Dur-Tonleiter

Am besten kannst du den Bauplan einer Dur-Tonleiter an den Stammtönen erkennen. Notiert man diese vom Ton C aufsteigend bis zum nächsten C, entsteht die C-Dur-Tonleiter. Der erste Ton der Tonleiter ist dabei immer der Grundton. Es ist sinnvoll, das Halbton-/Ganztonschritt-Schema auswendig zu lernen. Bei der Dur-Tonleiter liegen die HTS zwischen dem 3. und 4. und dem 7. und 8. Ton.

C-Dur-Tonleiter

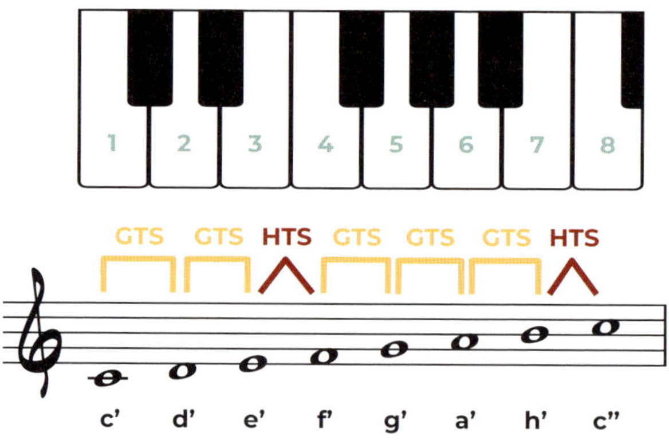

Aber nicht nur anhand der GTS und HTS, sondern auch mithilfe der Intervalle kannst du dir den Bauplan von Tonleitern gut einprägen, dafür stehen die Zahlen. Eine Dur-Tonleiter besteht ausschließlich aus reinen und großen Intervallen (immer vom Grundton aus gese-

siehe S. 36

hen). Das sind die gr. Sekunde, gr. Terz, reine Quarte, reine Quinte, gr. Sexte, gr. Septime und reine Oktave.

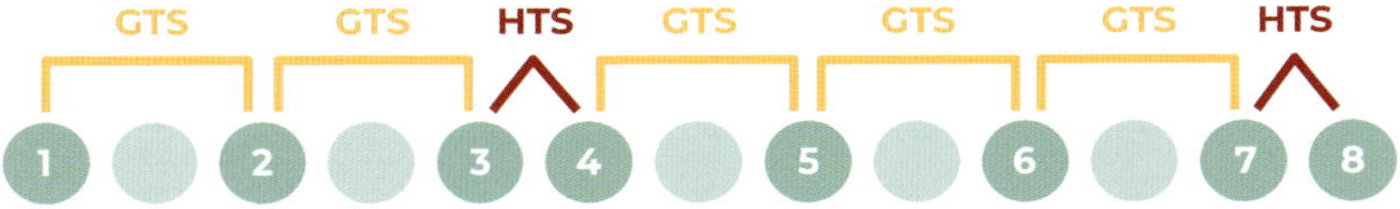

Diesen Bauplan kannst du nun wie eine Schablone auf jeden beliebigen Ton setzen und von dort aus mithilfe der Versetzungzeichen (♯ oder ♭) Dur-Tonleitern bilden.

Schritt-für-Schritt-Anleitung auf S. 54

F-Dur-Tonleiter

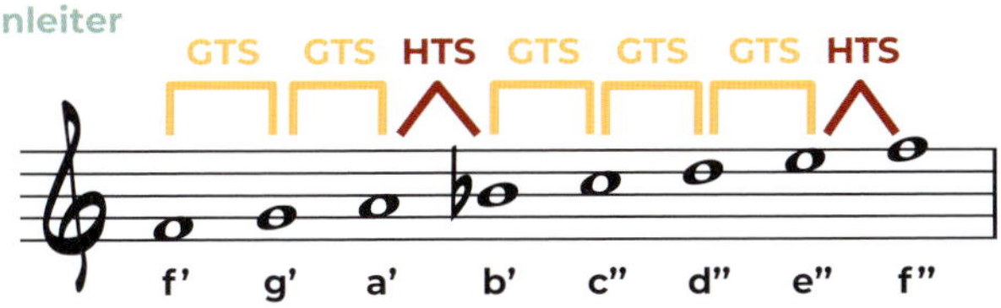

E-Dur-Tonleiter

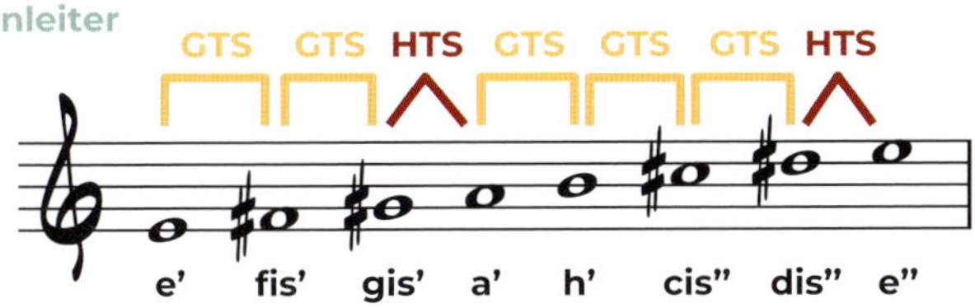

As-Dur-Tonleiter

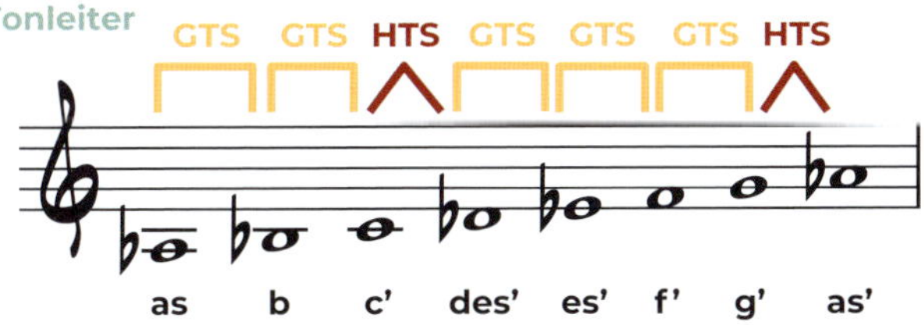

Die Dur-Tonleiter hat, vor allem durch die große Terz und große Septime, einen aufstrebenden Klangcharakter. Oft werden beim Songwriting Ausschnitte der Dur-Tonleiter für die Melodie genutzt. Ein Beispiel hierfür wäre der Song „Lean on me" von Bill Withers oder „Black" von Pearl Jam. Der QR-Code rechts führt dich zu einer Playlist mit weiteren Songbeispielen.

// Natürliche Moll-Tonleiter

Die natürliche Moll-Tonleiter (*auch „reine Moll-Tonleiter“ oder „reines Moll“*) hat ebenfalls ein eigenes Halbton-/Ganztonschritt-Schema. Die HTS liegen zwischen dem 2. und 3. und dem 5. und 6. Ton. Hier siehst du die C-Moll-Tonleiter.

C-Moll-Tonleiter

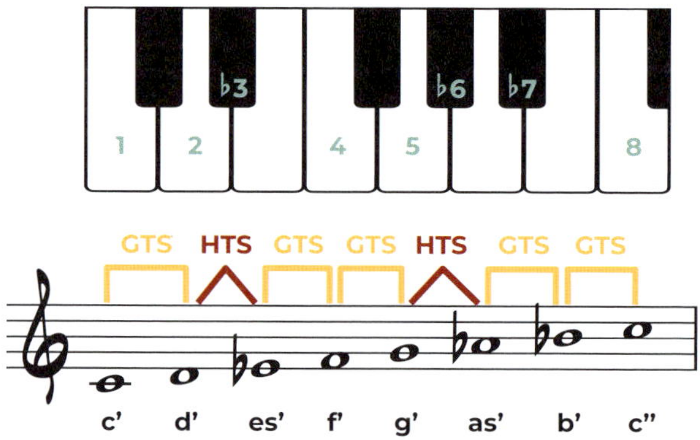

Die zur Moll-Tonleiter zugehörige Intervall-Struktur kannst du an den Zahlen ablesen. Das sind die gr. Sekunde, kl. Terz, reine Quarte, reine Quinte, kl. Sexte, kl. Septime und reine Oktave. Besonders die kleine Terz sorgt für den charakteristischen Sound von Moll.

Moll-Tonleiter

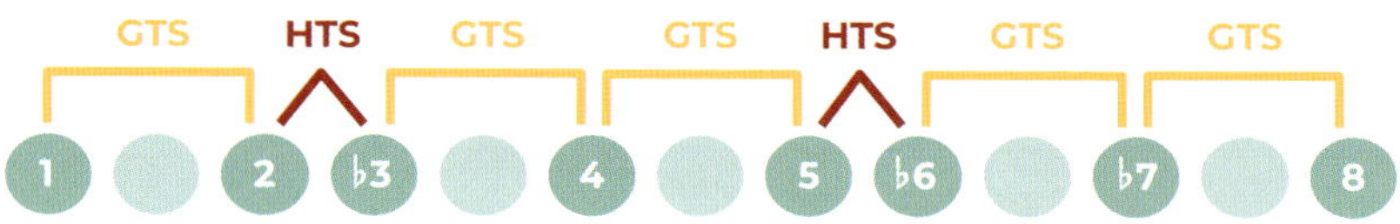

Schritt-für-Schritt-Anleitung auf S. 54

Diesen Bauplan kannst du nun wie eine Schablone auf jeden beliebigen Ton setzen und von dort aus mithilfe der Versetzungzeichen (♯ oder ♭) Moll-Tonleitern bilden.

A-Moll-Tonleiter

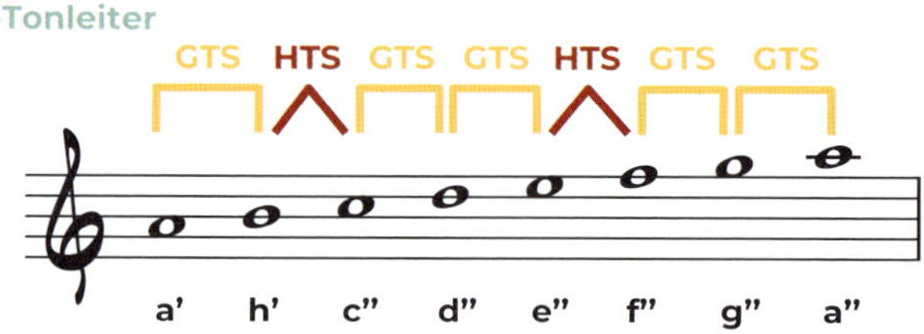

Cis-Moll-Tonleiter

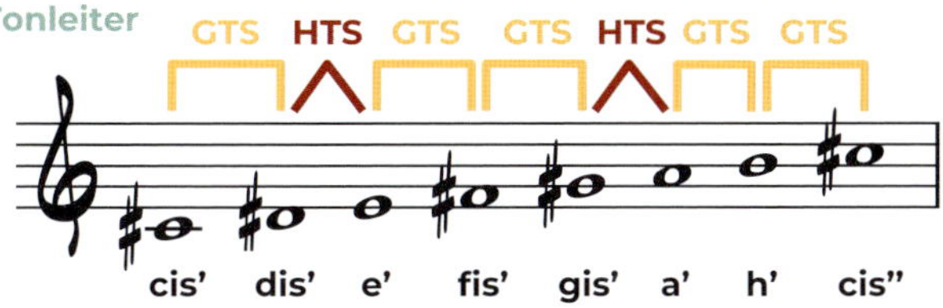

G-Moll-Tonleiter

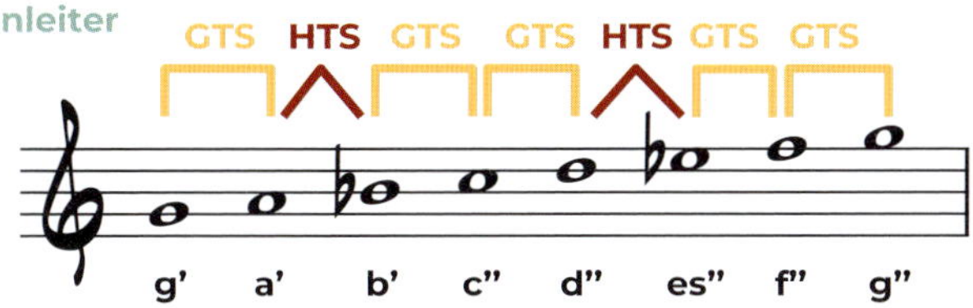

Die natürliche Moll-Tonleiter klingt im Gegensatz zu Dur deutlich melancholischer. Das liegt besonders an der kleinen Terz. Die Moll-Tonleiter kann natürlich auch als Grundlage für Melodien verwendet werden, wie bei den Songs „Part Time Lover" von Stevie Wonder oder „drivers license" von Olivia Rodrigo. Weitere Songs findest du in der Playlist hinter dem QR-Code.

// Parallele Tonleitern

Dur- und Moll-Tonleitern können auch miteinander verwandt sein. Das kannst du gut am Beispiel von C-Dur und A-Moll sehen.

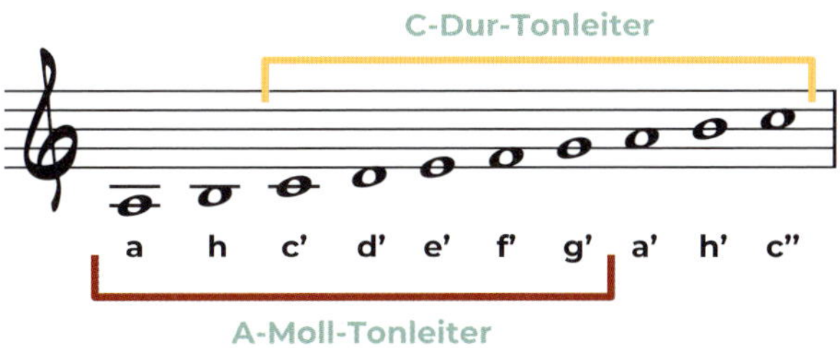

Zu jeder Dur-Tonleiter gibt es eine parallele Moll-Tonleiter, die beide die gleichen Töne verwenden – sie teilen sich also denselben Ton-Vorrat. Nur der Startpunkt, der Grundton, ist eben ein anderer. Die parallele Moll-Tonleiter startet immer eine kleine Terz tiefer bzw. auf dem sechsten Ton der Dur-Tonleiter. Vor allem beim Thema Tonarten spielt das nochmal eine wichtige Rolle. **(ab S. 76)**

// Leitton und Gleitton

Jeder Ton innerhalb einer Tonleiter hat seine eigene Klangcharakteristik. Manche Töne werden vom Gehör als Ruhepunkt wahrgenommen (z. B. der Grundton), manche haben einen starken „Bewegungsdrang“, ein klangliches Auflösungsbedürfnis. Das sind **Leittöne** und **Gleittöne**.

Bei einer Dur-Tonleiter handelt es sich beim siebten Ton um einen **Leitton**. Durch den HTS zum achten Ton trägt der Leitton eine klangliche Spannung in sich, die sich wieder zum achten Ton, dem Grundton, hin bewegt. Er leitet also dorthin zurück, die Spannung löst sich auf. Der vierte Ton einer Dur-Tonleiter ist ein **Gleitton**. Auch er hat ein Auflösungsbedürfnis, allerdings nicht nach oben, sondern nach unten. Da zwischen dem dritten und vierten Ton nur ein HTS liegt, strebt der vierte Ton nach unten zum dritten Ton, er gleitet dorthin.

siehe S. 86

Leittöne und Gleittöne spielen vor allem bei Akkordverbindungen eine Rolle, sie sorgen für ein ausgewogenes Verhältnis von klanglicher Spannung und Entspannung.

C-Dur-Tonleiter

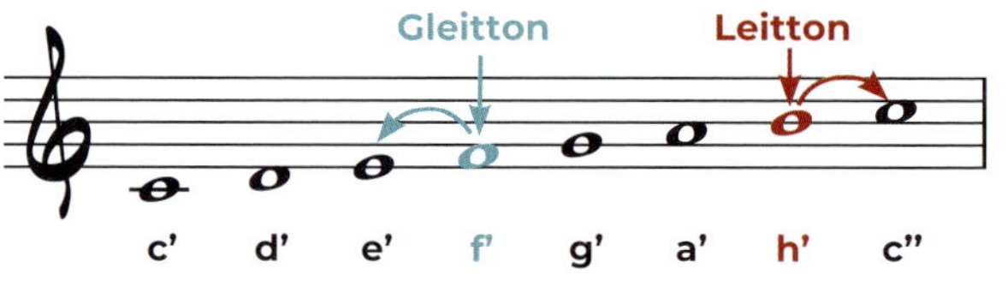

// Harmonische Moll-Tonleiter

Die harmonische Moll-Tonleiter (*auch „Harmonisch Moll“*) ist eine Variante der natürlichen Moll-Tonleiter. Da in der natürlichen Moll-Tonleiter kein Leitton zum Grundton enthalten ist, soll hier eine bessere Leitwirkung, also mehr Spannung erzeugt werden. Deshalb wird der siebte Ton mithilfe eines ♯ oder ♮ um einen HTS erhöht. Somit wird er automatisch zum Leitton, weil zwischen dem siebten und achten Ton nun nur noch ein HTS liegt.

Gleichzeitig entsteht so zwischen dem sechsten und siebten Ton ein Abstand von drei HTS, also eine übermäßige Sekunde. Das kann für die von westlicher Musik geprägten Ohren erstmal ungewöhnlich und scharf klingen, es löst eine orientalische oder arabische Assoziation aus.[1] Trotzdem taucht Harmonisch Moll sowohl in klassischer Musik als auch im Jazz/Pop immer mal wieder auf, besonders beim Bilden der Akkorde.

C Harmonisch Moll

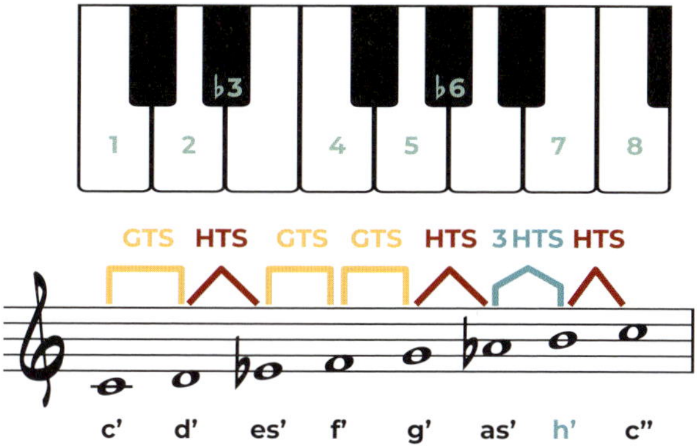

Harmonische Moll-Tonleiter

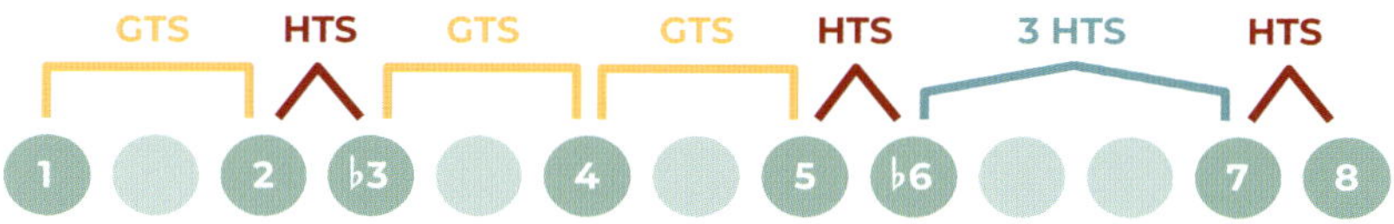

Songs, in denen Teile von Harmonisch Moll genutzt werden, sind z. B. „bury a friend“ von Billie Eilish, „Oops, I did it again“ von Britney Spears oder „Havana“ von Camila Cabello. Weitere Song-Beispiele gibt's hinter dem QR-Code.

1 Der historische Ursprung dieser Tonfolge liegt unter anderem in Indien und im Mittleren Osten.

// Melodische Moll-Tonleiter

Um die etwas ungewöhnlich klingende übermäßige Sekunde bei Harmonisch Moll wieder „auszugleichen", entstand die melodische Moll-Tonleiter *(auch „Melodisch Moll")*. Es sollte wieder ein Konstrukt aus ausschließlich GTS und HTS geschaffen werden. Deswegen wird nun ausgehend von Harmonisch Moll auch noch der sechste Ton mithilfe eines ♯ oder ♮ um einen HTS erhöht. Melodisch Moll unterscheidet sich damit nur noch durch die kleine Terz von einer Dur-Tonleiter. Sie klingt also in der ersten Hälfte nach Moll, in der zweiten Hälfte nach Dur.

C Melodisch Moll

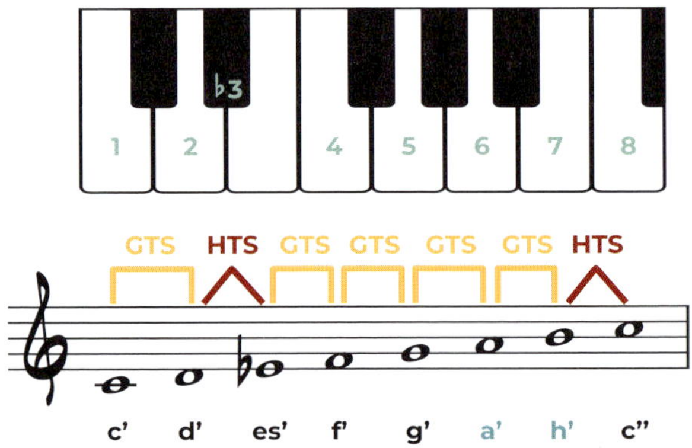

Melodische Moll-Tonleiter

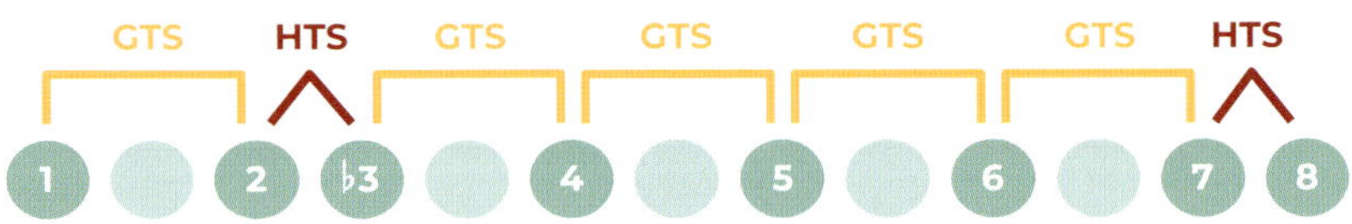

Ein hervorragendes Beispiel für Melodisch Moll ist der Schluss des Weihnachtsklassikers „Ich steh an deiner Krippen hier" von Johann Sebastian Bach.

Ich steh an deiner Krippen hier

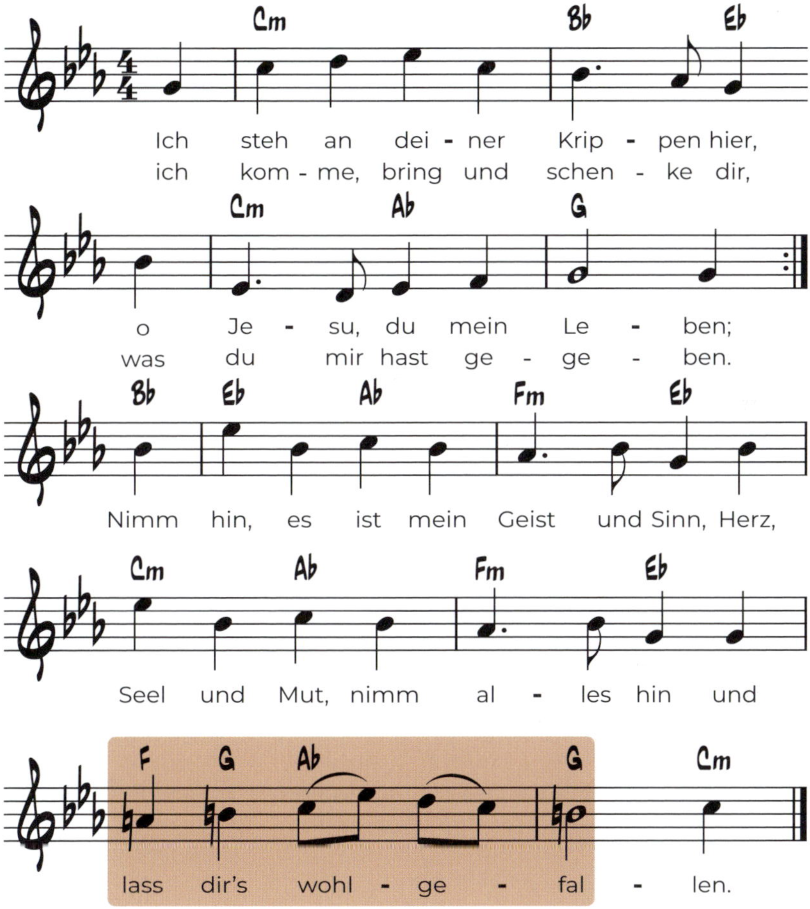

In der klassischen Musik wird Melodisch Moll übrigens nur aufwärts mit den erhöhten Tönen auf der 6. und 7. Stufe gespielt, abwärts verwendet man die natürliche Moll-Tonleiter. Im Jazz und Pop wird in der Regel nicht zwischen aufwärts und abwärts unterschieden, da bleibt's einfach bei der melodischen Moll-Tonleiter.

GOOD TO KNOW

Song-Beispiele für Melodisch Moll findest du in der Playlist hinter dem QR-Code.

// STEP by STEP

Mit der folgenden Schritt-für-Schritt-Anleitung kannst du die Tonleitern, die du bereits kennst, immer richtig bilden und bestimmen.

Tonleitern bilden

Schritt 1

Schreibe vom Grundton aus die nächsten sieben Stammtöne auf. Der letzte Ton sollte den Namen des ersten Tons haben, nur eine Oktave höher. Im folgenden Beispiel soll eine A-Dur-Tonleiter gebildet werden. Versetzungszeichen (♯ oder ♭) brauchst du in diesem Schritt noch nicht.

A-Dur-Tonleiter

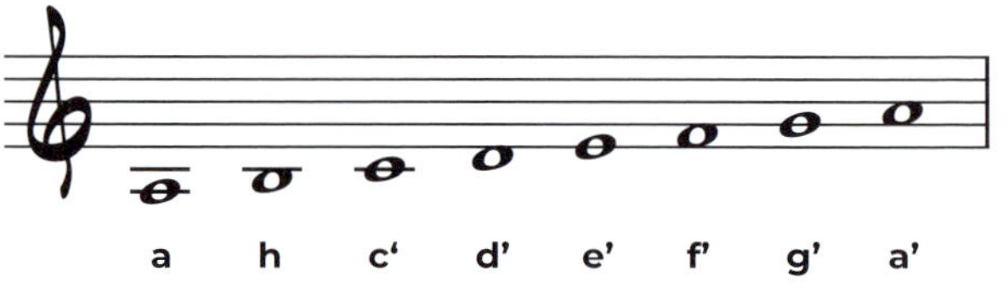

Schritt 2

Notiere das Halbton-/Ganztonschritt-Schema der gesuchten Tonleiter über den Noten. Auch die Intervallbezeichnung bzw. das Intervall-Kürzel unter den Noten kann helfen.

A-Dur-Tonleiter

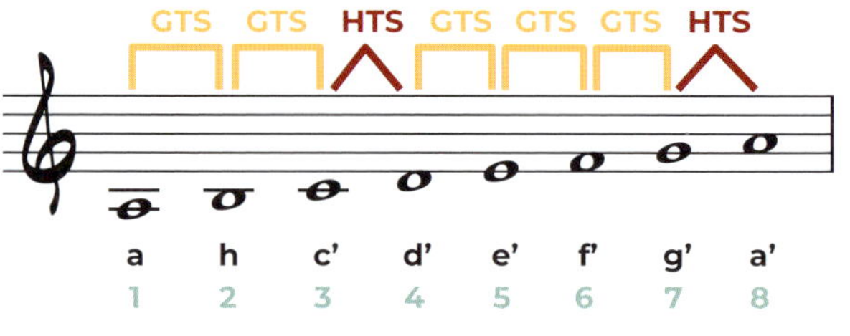

Schritt 3

Passe mithilfe von Versetzungszeichen (♯ oder ♭) die Stammtöne an die HTS und GTS bzw. die Intervalle an. Nimm dir hierfür gerne eine Klaviatur zu Hilfe!

A-Dur-Tonleiter

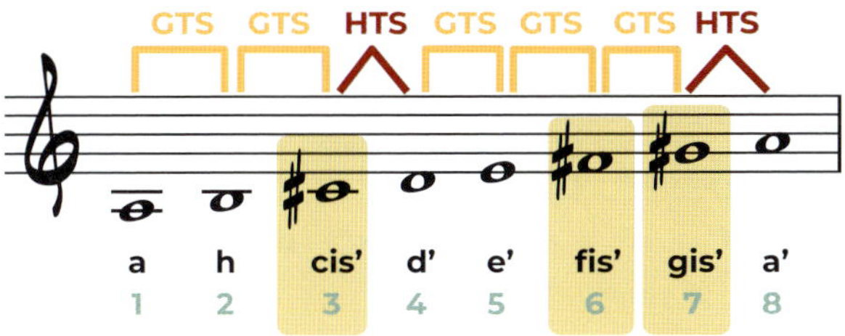

Tonleitern bestimmen

Schritt 1

Du siehst im Notensystem eine vollständige Tonleiter in Notenschrift. Bestimme den ersten Ton der Tonleiter, er ist der Grundton.

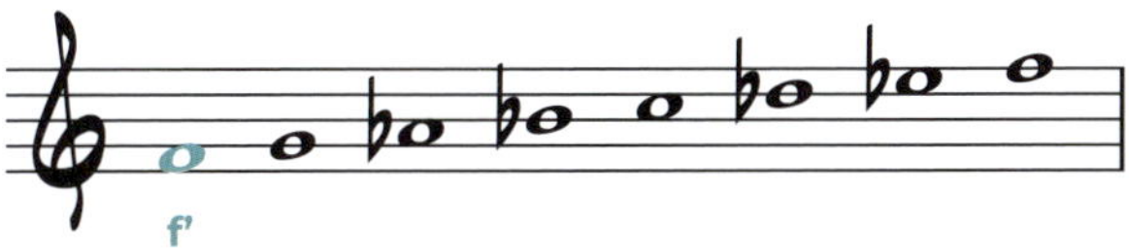

Schritt 2

Notiere über den Noten das Halbton-/Ganztonschritt-Schema der gegebenen Tonleiter. Zusätzlich sind auch die Intervallbezeichnungen bzw. Intervall-Kürzel sinnvoll. Eine Klaviatur kann dir beim Abzählen der Töne helfen.

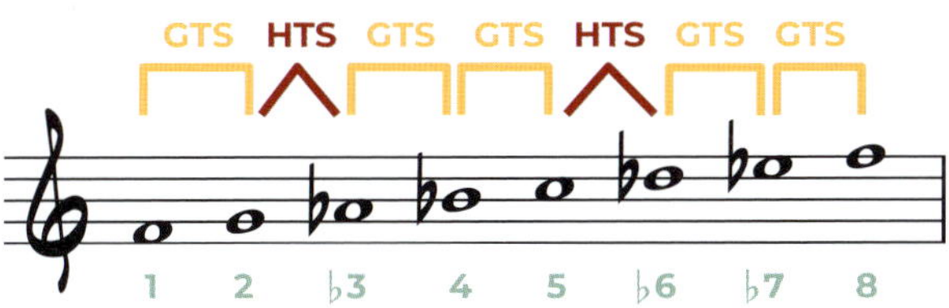

Schritt 3

Gleiche deine notierten HTS und GTS bzw. die Intervalle mit dem Schema der dir bekannten Tonleitern ab.

TONLEITERN

F-Moll-Tonleiter

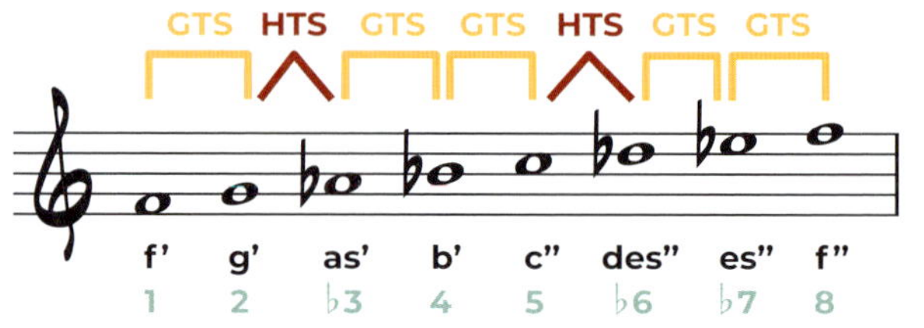

In diesem Fall handelt es sich um eine F-Moll-Tonleiter.

// Pentatonik

Eine pentatonische Tonleiter besteht aus fünf verschiedenen Tönen (*griech. penta = „fünf“*). Das ermöglicht viele Kombinationsmöglichkeiten, die häufigsten Varianten sind aber die **Dur-** und **Moll-Pentatonik**. Die Pentatonik enthält keine HTS und dementsprechend keine Leittöne, wodurch eine eher einfache Struktur entsteht, die sich besonders gut für simple Melodien (z. B. Kinderlieder) oder auch als Grundlage zum Improvisieren eignet.

siehe S. 104

Die Dur-Pentatonik entsteht, wenn vom Grundton aus vier Töne im Abstand einer reinen Quinte übereinander geschichtet werden und dann in aufsteigender Reihenfolge nacheinander, also horizontal innerhalb einer Oktave, notiert werden. Die Quinte ist das stabilste Grund-Intervall und sorgt für einen angenehmen Klang.

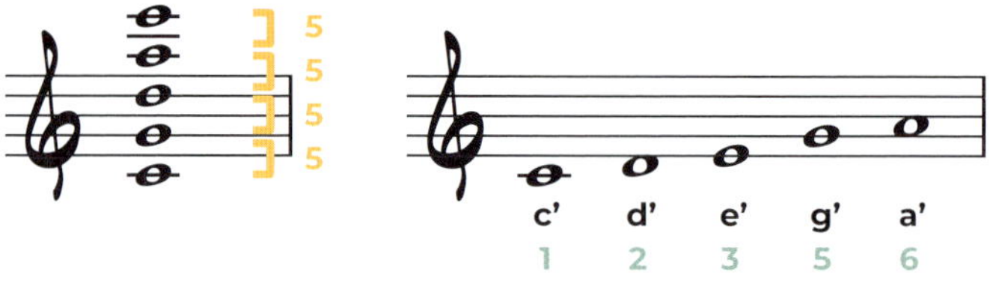

Durch die große Terz (zwischen Grundton und drittem Ton) gehört diese Tonleiter zu den Dur-verwandten Tonleitern. Die Töne der Dur-Pentatonik sind außerdem in ihrer zugehörigen Dur-Tonleiter enthalten.

C-Dur Pentatonik

C-Dur-Tonleiter

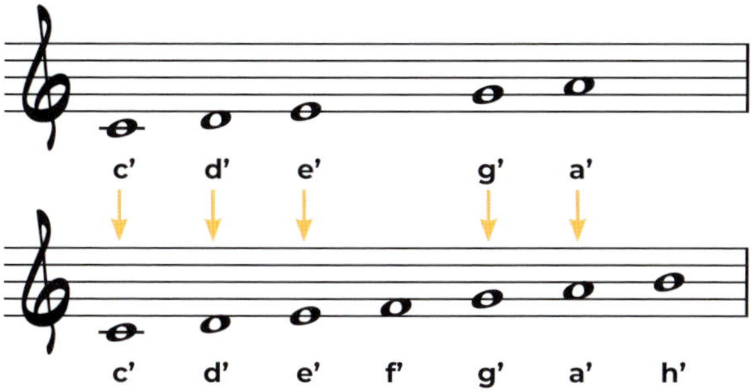

Die Moll-Pentatonik lässt sich von der Dur-Pentatonik ableiten. Wie schon bei der normalen Dur- und Moll-Tonleiter sind auch bei der Pentatonik die beiden Tongeschlechter miteinander verwandt. Die verwandte Moll-Pentatonik startet beim fünften Ton und nutzt dieselben Töne.

C-Dur Pentatonik A-Moll Pentatonik

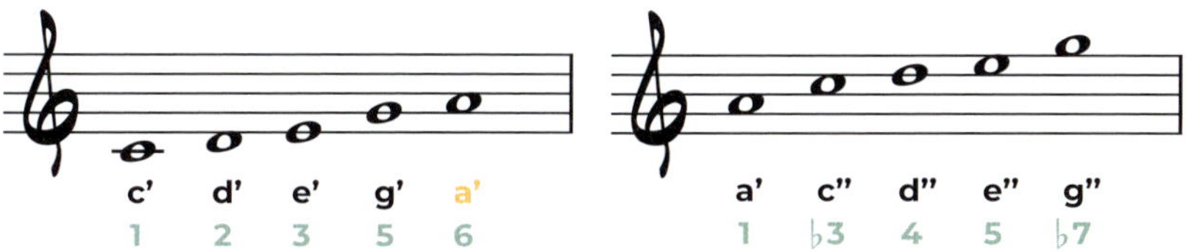

Die Moll-Pentatonik enthält eine kleine Terz und eine kleine Septime und ist dadurch eine Moll-verwandte Tonleiter. Die Töne der Moll-Pentatonik sind außerdem in ihrer zugehörigen Moll-Tonleiter enthalten.

C-Moll Pentatonik

C-Moll-Tonleiter

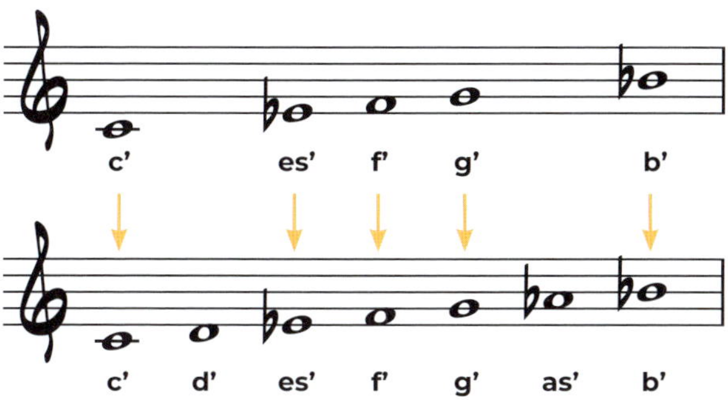

TONLEITERN

GOOD TO KNOW

Unser Intro am Anfang jedes unserer MusikDurchblick-Videos besteht aus den absteigenden Tönen der A-Moll-Pentatonik.

HARMONIK

DREIKLÄNGE

STEP BY STEP: DREIKLÄNGE BILDEN & BESTIMMEN

DREIKLANGSUMKEHRUNGEN

SUS-AKKORDE

VIERKLÄNGE

WEITERE AKKORDE

AKKORDSYMBOLE

Das Wort **Harmonik** ist ein Oberbegriff für das Prinzip der Ordnung und des Zusammenwirkens verschiedener Töne. Diese Ordnung entsteht mithilfe von Akkorden. **Akkorde** sind Zusammenklänge von drei oder mehr Tönen. Sie sind die Bausteine der Harmonie in der Musik und somit ein grundlegendes Element, das die Klangwelt der Musik maßgeblich bestimmt. Sie bilden quasi einen klanglichen Teppich, auf dem dann Melodien aufgebaut werden können. Akkorde verleihen der Musik ihren Charakter, ihre Stimmung und Farbe.

// Dreiklänge

Bei einem Akkord werden die Töne nicht, wie bei einer Tonleiter, nacheinander gespielt, sondern klingen gleichzeitig. Jeder Akkord besteht in seiner Basis aus einem Dreiklang. Ein Dreiklang kann alleinstehend verwendet oder – dann allerdings als Vier- oder Mehrklang – mit anderen Tönen erweitert werden. Wie der Name schon sagt, besteht ein Dreiklang aus drei Tönen und kann von jedem Ton aus gebildet werden – der Grundton bestimmt auch den Namen des Akkords. Ein Dreiklang wird immer aus zwei übereinander geschichteten Terzen gebildet, und weil es ja sowohl große als auch kleine Terzen gibt, entstehen dadurch vier mögliche Dreiklangstypen, die jeweils einen eigenen Klangcharakter haben.

siehe S. 68

HARMONIK

1) Dur-Dreiklang

Bei einem **Dur-Dreiklang** wird auf den Grundton zuerst eine große Terz (vier HTS) und darauf dann eine kleine Terz (drei HTS) geschichtet. Abgeleitet wird der Akkord übrigens von der zugrunde liegenden Dur-Tonleiter und besteht dabei aus dem ersten, dritten und fünften Ton der Tonleiter. Zusammengefasst besteht ein Dur-Dreiklang also aus dem Grundton, einer großen Terz und einer reinen Quinte über dem Grundton.

C-Dur Dreiklang

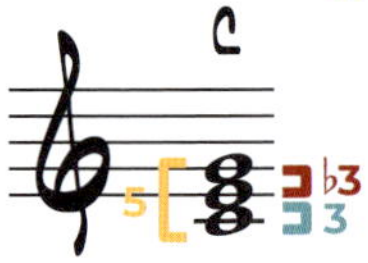

C-Dur-Tonleiter

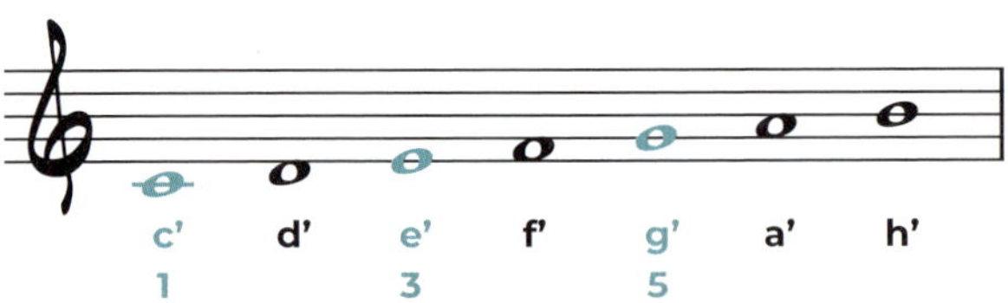

Der Dur-Dreiklang hat einen stabilen Klang, der alleinstehend vor allem wegen des großen Terztons oft als „fröhlich“ oder „aufmunternd“ wahrgenommen wird. Aber Achtung: Das muss nicht so sein! Was ein Klang in uns auslöst, ist nämlich vom musikalischen Kontext abhängig und außerdem ziemlich individuell.

2) Moll-Dreiklang

Bei einem **Moll-Dreiklang** werden auf den Grundton zuerst eine kleine Terz (drei HTS) und darauf dann eine große Terz (vier HTS) geschichtet. Auch hier kann der Akkord vom ersten, dritten und fünften Ton der zugrunde liegenden Moll-Tonleiter abgeleitet werden. Ein Moll-Dreiklang besteht also aus dem Grundton, einer kleinen Terz und einer reinen Quinte.

C-Moll Dreiklang **C-Moll-Tonleiter**

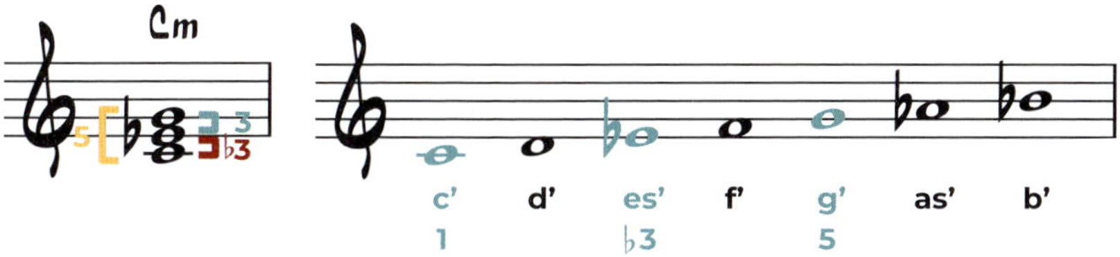

Der Moll-Dreiklang wird alleinstehend eher als „melancholisch“, „verträumt“ oder manchmal auch als „traurig“ wahrgenommen. Aber Achtung: Genau wie beim Dur-Dreiklang sind auch diese Attribute nicht allgemeingültig.

Dur- und Moll-Dreiklänge unterscheiden sich in nur einem Ton – der Terz. Die Terz ist also bei beiden Akkorden jeweils für den charakteristischen Klang verantwortlich, sie bestimmt das Tongeschlecht.

Die folgenden zwei Dreiklangstypen kommen in der Praxis zwar etwas seltener vor, sind aber trotzdem sehr wichtig. Sie tragen nämlich – im Gegensatz zum Dur- und Moll-Dreiklang – viel mehr klangliche Spannung, also Dissonanzen, in sich.

siehe S. 42

3) Verminderter Dreiklang

siehe S. 38

Der **verminderte Dreiklang** hat einen symmetrischen Aufbau, hier werden auf den Grundton zwei kleine Terzen (jeweils drei HTS) geschichtet. Damit besteht er aus einer kleinen Terz und einer verminderten Quinte, die auch Tritonus genannt wird. Vor allem dieser Tritonus ist für den spannungsreichen Klangcharakter verantwortlich und verleiht der Musik eine „dramatische" und oft „mysteriöse" Atmosphäre.

C vermindert

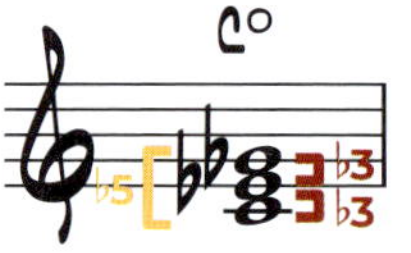

Aufgrund seiner Dissonanz wird der verminderte Dreiklang oft als Übergangselement oder zur Erzeugung von harmonischer Instabilität eingesetzt. Du findest ihn z. B. viel in Filmmusik, er ist aber auch in jedem anderen Musikgenre vertreten.

4) Übermäßiger Dreiklang

Der **übermäßige Dreiklang** hat, wie der verminderte Dreiklang, einen symmetrischen Aufbau, diesmal werden allerdings zwei große Terzen (jeweils vier HTS) auf den Grundton geschichtet. Er besteht damit aus einer großen Terz und einer übermäßigen Quinte, die für den etwas ungewöhnlichen Klang sorgt.

C übermäßig

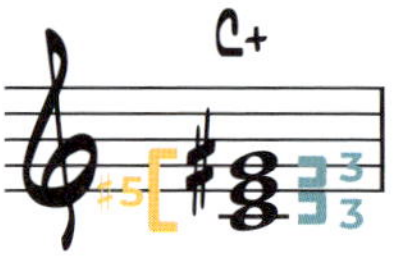

Der übermäßige Dreiklang bietet vielfältige Auflösungsmöglichkeiten in andere Akkorde und ist vielseitig einsetzbar. Du findest ihn in verschiedenen musikalischen Stilen, von Jazz über Filmmusik bis zu zeitgenössischer Musik.

Übersicht aller Dreiklangstypen

F-Dur | F-Moll | F vermindert | F übermäßig

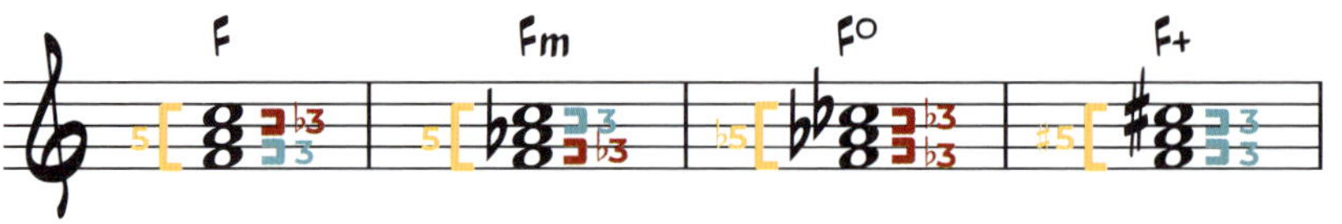

// STEP by STEP

Mit der folgenden Schritt-für-Schritt-Anleitung kannst du Dreiklänge immer richtig bilden und bestimmen.

Dreiklänge bilden

Schritt 1

D-Dur

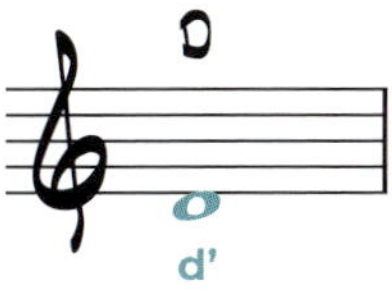

Schreibe zuerst den Grundton des angegebenen Akkords ins Notensystem. Die Oktavlage kannst du selbst wählen. Du sollst hier den Dreiklang D-Dur bilden.

Schritt 2

D-Dur

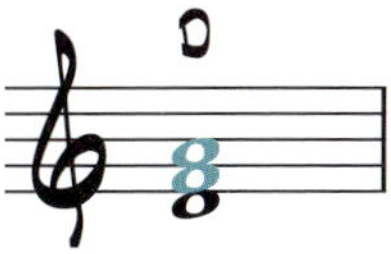

Notiere zwei weitere Noten im Abstand einer Terz über den Grundton, ob große oder kleine Terz ist in diesem Schritt noch nicht wichtig. Alle Noten müssen optisch im gleichen Abstand zueinander liegen (alle auf der Linie oder alle in den Zwischenräumen).

Schritt 3

D-Dur

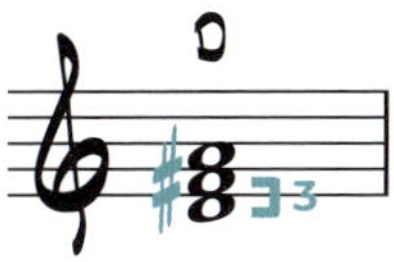

Zähle die Halbtonschritte zwischen den unteren beiden Noten. Bei einem Dur-Dreiklang oder übermäßigen Dreiklang liegt zwischen dem Grundton und dem darüber liegenden Ton eine große Terz (vier HTS), bei einem Moll-Dreiklang oder verminderten Dreiklang liegt zwischen dem Grundton und dem darüber liegenden Ton eine kleine Terz (drei HTS). Nimm gerne eine Klaviatur zur Hilfe. Wenn nötig, füge Versetzungszeichen (♯ oder ♭) hinzu.

Schritt 4

D-Dur

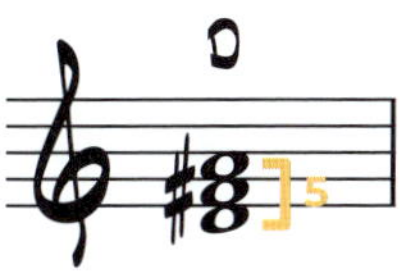

Zähle die Halbtonschritte zwischen dem Grundton und dem oberen Ton. Dieses Intervall ist bei Dur- und Moll-Dreiklängen immer eine reine Quinte (sieben HTS). Beim verminderten Dreiklang ist es eine verminderte Quinte (sechs HTS), beim übermäßigen Dreiklang eine übermäßige Quinte (acht HTS). Wenn nötig, füge auch hier Versetzungszeichen (♯ oder ♭) hinzu.

Dreiklänge bestimmen

Schritt 1

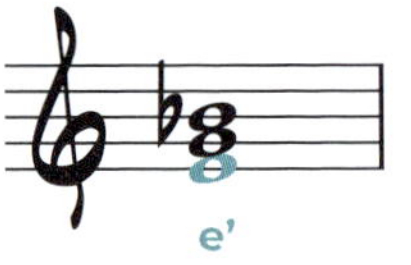

siehe S. 65

Benenne den Grundton des Akkords. In diesem Fall (bei der Grundstellung) ist es immer der unterste Ton.

Schritt 2

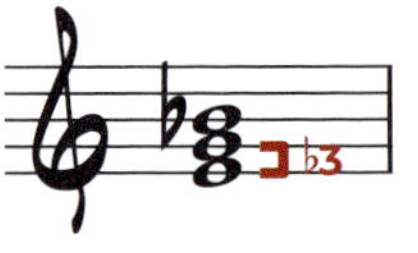

Zähle die Halbtonschritte zwischen dem Grundton und dem darüber liegenden Ton. Sind es drei HTS, ist es ein Moll-Akkord oder ein verminderter Dreiklang, bei vier HTS ist es ein Dur-Akkord oder übermäßiger Dreiklang.

Schritt 3

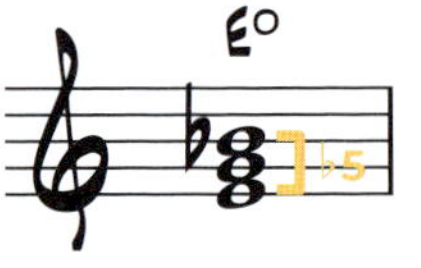

Zähle die Halbtonschritte zwischen dem Grundton und dem obersten Ton. Sind es sieben HTS, ist es ein Dur- oder Moll-Dreiklang (immer mit Terz kombinieren), bei sechs HTS ist es ein verminderter Dreiklang und bei acht HTS ein übermäßiger Dreiklang. Dieser Akkord hier heißt E vermindert.

// Dreiklangsumkehrungen

Akkorde können generell in verschiedenen Anordnungen, Positionen und Oktavlagen auftreten. Das hier ist alles C-Dur:

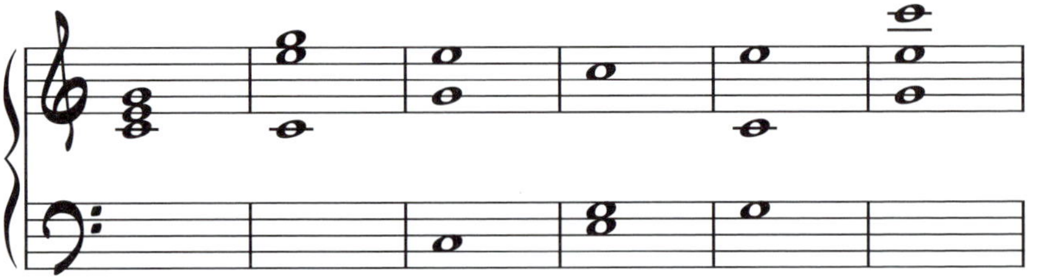

Bei den vier Dreiklangstypen hast du bisher jeden Akkord nur in der Grundstellung (in enger Lage) kennengelernt, bei der immer der Grundton der tiefste Ton des Akkords ist. „Enge Lage" bedeutet, dass die einzelnen Töne den kürzesten Abstand zueinander haben. Man spricht von einer Umkehrung, wenn der Grundton nicht der tiefste Ton ist. Da ein Dreiklang drei Töne enthält, kann er also in drei verschiedenen Akkordstellungen stehen. Diese werden im folgenden Abschnitt alle mit einem Dur-Dreiklang (in enger Lage) demonstriert, die Regeln gelten aber natürlich für alle Dreiklangstypen.

Grundstellung

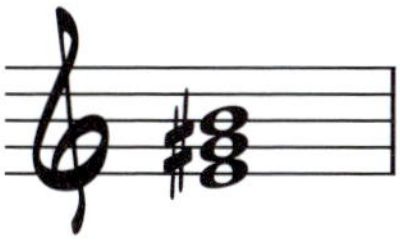

Bei der Grundstellung (GS) ist der Grundton der tiefste Ton. Hier liegen immer zwei Terzen übereinander, weshalb die Töne im Notensystem entweder alle auf den Linien oder alle in den Zwischenräumen liegen. Sie haben alle den gleichen optischen Abstand zueinander.[1] Die Grundstellung ist der Ausgangspunkt für die beiden anderen Umkehrungen.

Erste Umkehrung

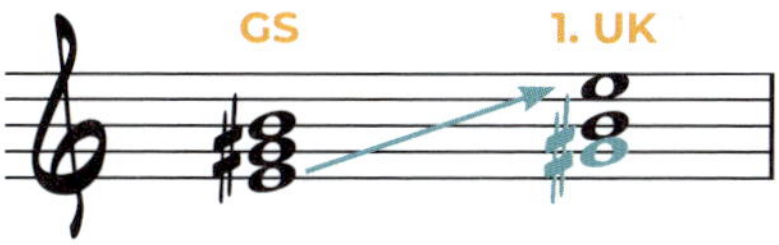

Die 1. Umkehrung (1. UK) eines Dreiklangs entsteht, indem der Grundton eine Oktave höher auf die oberste Position des Dreiklangs versetzt wird. Der ursprünglich tiefste Ton ist jetzt der oberste Ton des Akkords. Dadurch entsteht zwischen den beiden oberen Tönen der Abstand einer Quarte und damit eine optisch größere Lücke. Die Terz des Akkords liegt nun unten. Im klassischen Vokabular wird die 1. Umkehrung auch „Sextakkord" genannt, weil das Rahmen-Intervall (vom tiefsten zum obersten Ton) einer Sexte entspricht.

Zweite Umkehrung

Um die 2. Umkehrung (2. UK) zu bilden, kann entweder wieder von der Grundstellung oder von der 1. Umkehrung ausgegangen wer-

1 Merkhilfe: Sieht wie ein Schneemann aus.

HARMONIK

den. Von der Grundstellung aus wird der oberste Ton eine Oktave nach unten versetzt. Von der 1. Umkehrung aus wird der unterste Ton eine Oktave nach oben versetzt. In beiden Fällen liegt die Quinte des Dreiklangs unten. Dadurch entsteht zwischen den beiden unteren Tönen der Abstand einer Quarte und damit eine optisch größere Lücke. Im klassischen Vokabular wird die 2. Umkehrung auch „Quartsextakkord“ genannt, weil das erste Intervall einer Quarte und das Rahmen-Intervall einer Sexte entspricht.

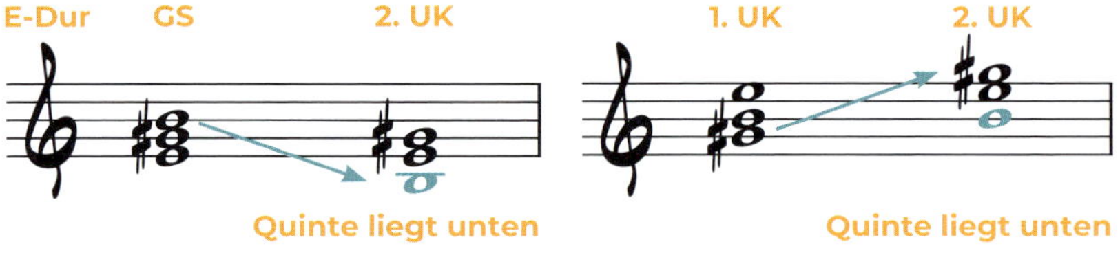

Übersicht aller Dreiklangs-Umkehrungen

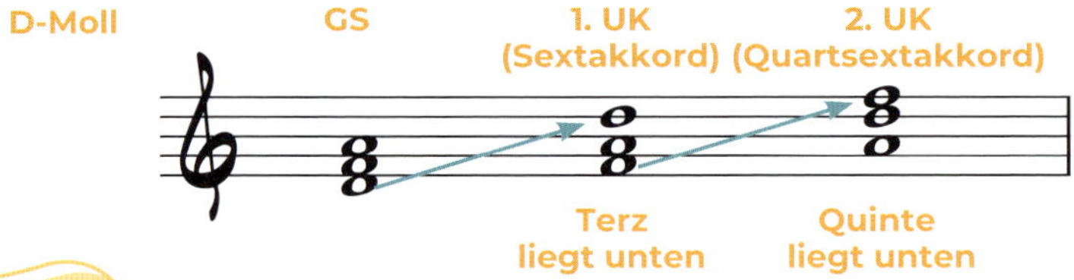

GOOD TO KNOW

Theoretisch können alle Umkehrungen auch über größere Distanzen (weite Lage) mit den jeweiligen drei Tönen des Akkords gebildet werden. Entscheidend ist der tiefste Ton, also ob Grundton, Terz oder Quinte im Bass liegen.

Jetzt stellt sich die Frage: Wofür braucht man eigentlich Umkehrungen? Dreiklangsumkehrungen geben Akkorden eine größere Flexibilität, da sie so nicht nur in einer Position pro Oktavlage gespielt werden können. Sie erleichtern damit die Verbindung mehrerer Akkorde und ermöglichen es gleichzeitig, musikalische Abwechslung in eine schon zu oft gespielte Akkordfolge zu bringen.

!

Jeden Ton eines Akkords kann man als eigene Melodie, als eigene „Stimme“ betrachten. Für eine schöne **Stimmführung**, also eine fließende Verbindung bei Akkordwechseln, kannst du dir folgende Regeln merken: Gleichbleibende Töne bleiben liegen und die anderen Töne nehmen immer den kürzesten Weg. Das ist z. B. bei einer Klavier-Begleitung oder auch bei mehrstimmigen Chorsätzen relevant.

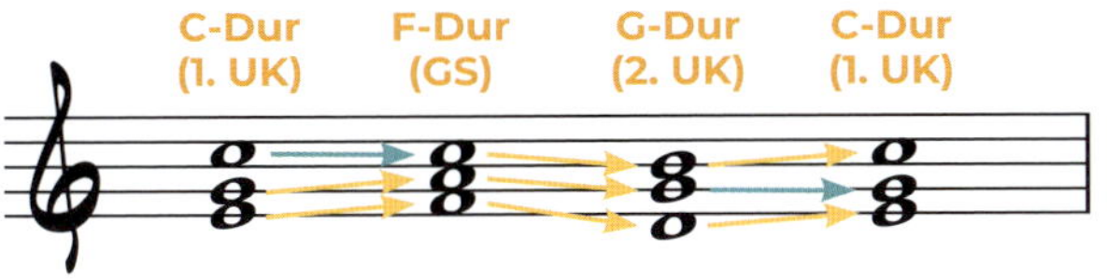

Jede Umkehrung hat tatsächlich ihren etwas eigenen Charakter und kann damit eine andere Wirkung haben. Eigentlich verrückt, schließlich handelt es sich ja immer um den gleichen Akkord, die Töne klingen eben nur in unterschiedlichen Lagen.

GOOD TO KNOW

// Sus-Akkorde

Sus-Akkorde sind Dreiklangsvarianten, die eine besondere Klangfarbe erzeugen und damit Akkordfolgen eine erfrischende Wendung verleihen können. Die Abkürzung „Sus“ steht für das englische Wort *suspension*, was so viel wie „Aussetzung“ oder „Aufhebung“ heißt. Bei Sus-Akkorden wird immer die Terz, der mittlere Ton des Akkords „ausgesetzt“ und durch ein anderes Intervall ersetzt. Wie du schon weißt, ist die Terz für den Klangcharakter eines Dur- oder Moll-Dreiklangs verantwortlich. Fällt diese nun weg, entsteht ein „geschlechtsloser“, offener Klang. Es gibt zwei Arten von Sus-Akkorden.

siehe S. 61

Sus2-Akkord

Ein Sus2-Akkord wird gebildet, indem die Terz eines Dur- oder Moll-Dreiklangs durch eine – vom Grundton aus gesehen – große Sekunde ersetzt wird.

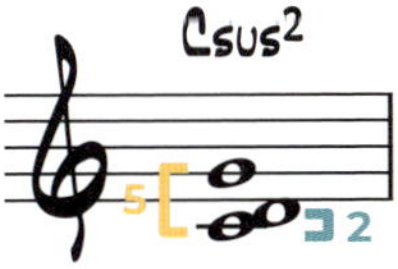

Sus4-Akkord

Ein Sus4-Akkord wird gebildet, indem die Terz des jeweiligen Dreiklangs durch eine – vom Grundton aus gesehen – reine Quarte ersetzt wird. Dieser Akkord wird auch „Vorhaltsakkord“ genannt und strebt wegen des Gleittons in seiner Auflösung oft zum entsprechenden Dur-Akkord.

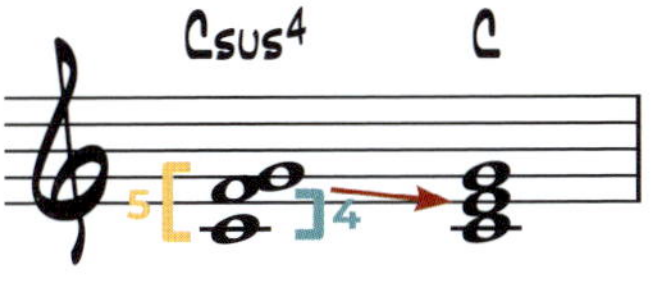

siehe S. 50

// Vierklänge

Wenn auf einen Dreiklang ein weiterer Ton gesetzt wird, entsteht ein Vierklang. Mit Vierklängen kannst du dein musikalisches Repertoire natürlich enorm erweitern und deine Akkordfolgen spannender und abwechslungsreicher gestalten. Besonders in der Jazz/Rock/Pop-Musik kommen Vierklänge sehr häufig vor, für den Jazz sind sie sogar ein Muss.

Auf Basis der vier Dreiklangstypen können verschiedene Vierklänge gebildet werden. Da sehr viele Vierklangsvariationen möglich sind, gehen wir hier nur auf die wichtigsten Akkordtypen ein. Falls du noch mehr Vierklänge erkunden willst, findest du im Anhang bei den Akkordsymbolen weitere mögliche Akkorde inkl. Notenbeispiele.

siehe S. 115

Major7-Akkord

Wird auf einen Dur-Dreiklang eine weitere große Terz geschichtet, entsteht ein Major7-Akkord (*auch „Major-Septakkord“*). „Major 7“ bedeutet übersetzt „Große Septime“ und beschreibt das Rahmen-Intervall zwischen dem Grundton und dem obersten Ton. Dieser Vierklang kann außerdem von der zugrunde liegenden Dur-Tonleiter abgeleitet werden und besteht aus dem ersten, dritten, fünften und siebten Ton der Tonleiter. Ein Major7-Akkord hat einen offenen, fast schwebenden Klang.

C Major7

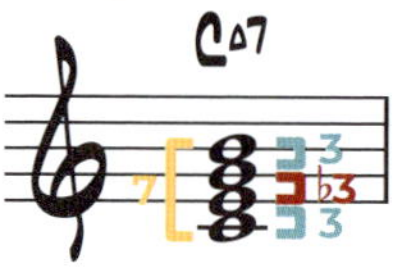

C-Dur-Tonleiter

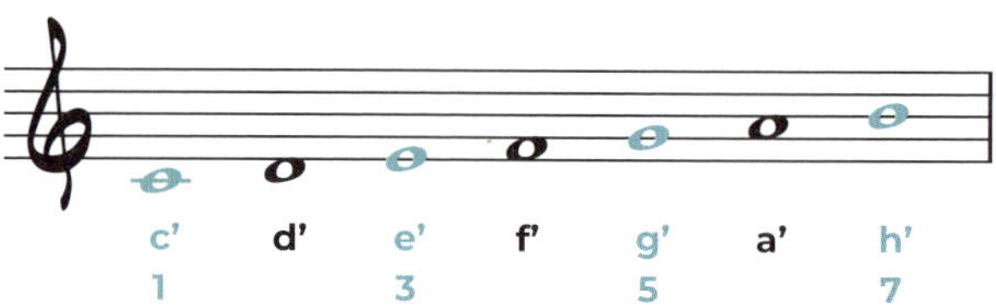

Dominant-Septakkord

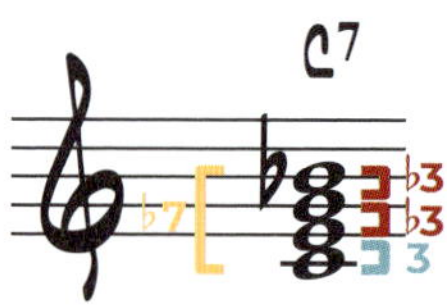

Wird auf einen Dur-Dreiklang eine weitere kleine Terz geschichtet, entsteht ein Dominant-Septakkord. Hier bildet also eine kleine Septime das Rahmen-Intervall zwischen Grundton und oberstem Ton.

Genau wegen dieser Septime liegt in einem Dominant-Septakkord eine starke klangliche Spannung und damit auch ein Auflösungsbedürfnis, meist hin zum Grundakkord einer Tonart.

mehr dazu ab S. 76

Auch wenn dir der Begriff erst bei der Funktionstheorie begegnen wird, ist trotzdem wichtig zu wissen: Ein Dominant-Septakkord muss nicht die Funktion einer Dominante haben! Der Name kann diesbezüglich irreführend sein, aber ein Dominant-Septakkord kann als Akkordtyp – je nach musikalischem Kontext – unterschiedlich auftauchen oder eingesetzt werden.

siehe S. 81

Moll7-Akkord

Wird auf einen Moll-Dreiklang eine weitere kleine Terz geschichtet, entsteht ein Moll7-Akkord (*auch „Moll-Septakkord“*). Hier bildet eine kleine Septime das Rahmen-Intervall zwischen Grundton und oberstem Ton. Dieser Vierklang kann außerdem von der zugrunde liegenden Moll-Tonleiter abgeleitet werden und besteht aus dem ersten, dritten, fünften und siebten Ton der Tonleiter. Ein Moll7-Akkord wird im Jazz/Rock/Pop oft als Ruhepol wahrgenommen.

C-Moll7

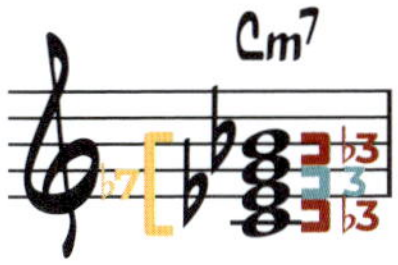

C-Moll-Tonleiter

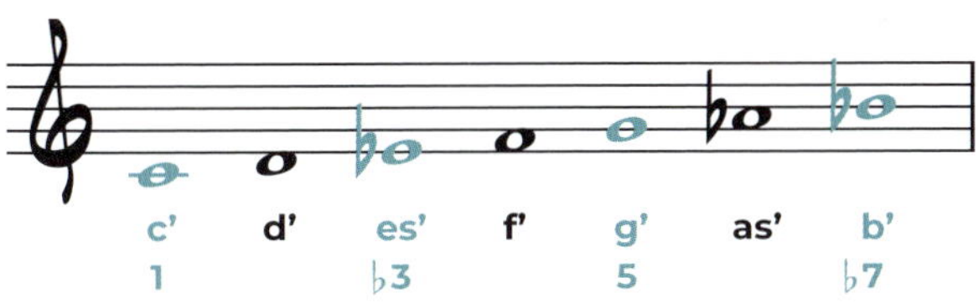

Halbverminderter Akkord

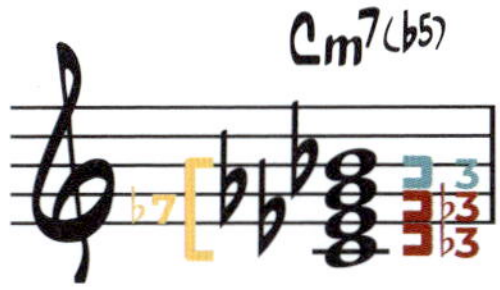

Beim halbverminderten Akkord (*auch „halbverminderter Septakkord“*) wird auf den verminderten Dreiklang eine weitere große Terz geschichtet. Damit ist eine kleine Septime das Rahmen-Intervall zwischen Grundton und oberstem Ton. Ein halbverminderter Vierklang hat einen dissonanten Klang und wird oft als Übergangsakkord verwendet.

Vollverminderter Akkord

siehe S. 17

Beim vollverminderten Akkord (*auch „verminderter Septakkord"*) wird auf den verminderten Dreiklang eine weitere kleine Terz geschichtet. Eine verminderte Septime bildet das Rahmen-Intervall zwischen Grundton und oberstem Ton. Beim vollverminderten Vierklang liegen also ausschließlich kleine Terzen übereinander (= symmetrischer Aufbau) und mit der nächsten kleinen Terz würde man wieder beim Ausgangston (enharmonisch verwechselt) landen. Deswegen entspricht z. B. C vollvermindert gleichzeitig auch Es vollvermindert, Ges vollvermindert und A vollvermindert. Der vollverminderte Akkord hat einen sehr dissonanten, fast schon bedrohlichen Klang.

C vollvermindert

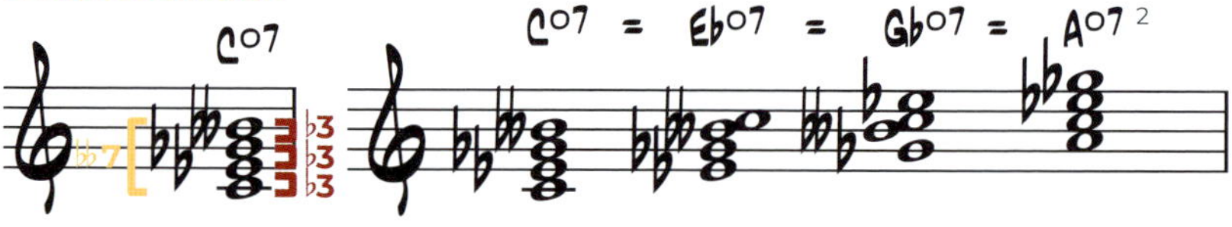

Vierklangsumkehrungen

Auch Vierklänge können in verschiedenen Positionen gespielt werden. Da ein Vierklang aus vier Tönen besteht, kommt neben Grundstellung, erster und zweiter Umkehrung nun noch eine dritte Umkehrung (3. UK) dazu. Diese werden in der folgenden Übersicht alle an einem Major7-Vierklang (in enger Lage) demonstriert. Auch hier gelten die Regeln aber natürlich für alle Vierklangsvariationen.

Übersicht aller Vierklangs-Umkehrungen

D Major7

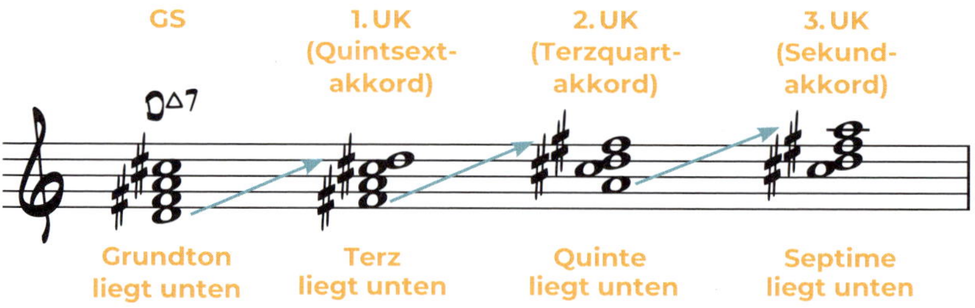

siehe S. 17

2 Die Töne der vollverminderten Akkorde wurden zum Teil zum besseren Verständnis enharmonisch verwechselt.

// Weitere Akkorde

add9 und add11

Die Abkürzung „add“ steht für *additional*, kommt aus dem Englischen und bedeutet „addieren“, also hinzufügen. Bei einem add9- bzw. add11-Akkord wird dem zugrunde liegenden Dreiklang also eine None bzw. eine Undezime hinzugefügt. Die Zahlen 9 und 11 stehen für diese beiden Intervalle. Anders als bei einem Sus-Akkord bleibt hier die Terz des Akkords erhalten.

siehe S. 40
siehe S. 67

In einer Akkordschichtung (*auch „Voicing“*) werden diese Optionstöne allerdings nicht zwangsweise oberhalb der Oktave als None bzw. Undezime gespielt, sondern können auch kompakt als Sekunde (add9/add2) oder Quarte (add11/add4) eine Oktave tiefer gespielt werden.

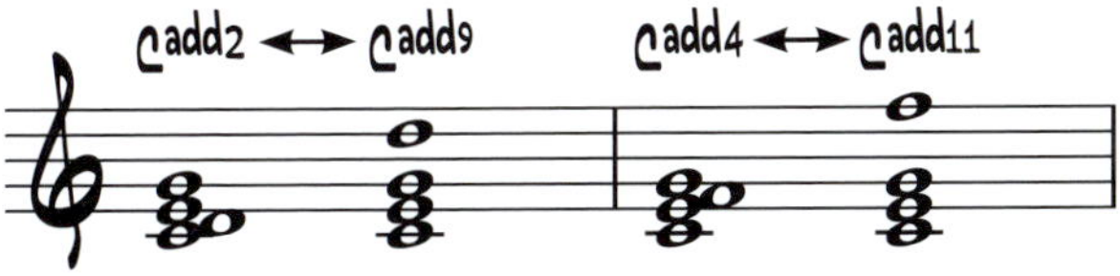

Slash-Akkorde

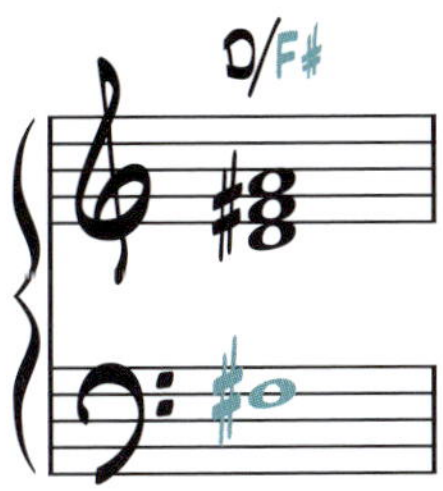

Ein Slash-Akkord (*auch „Slash Chord“*) bezeichnet einen Akkordtyp, bei dem der Basston nicht der Grundton ist. Das Akkordsymbol des Slash Chords gliedert sich dabei in zwei Teile: Auf der linken Seite steht der zu spielende Akkord und hinter dem Schrägstrich (*engl. slash*) wird der Basston angegeben.

siehe S. 72

Slash Chords kommen zwar aus dem Jazz, werden aber häufig auch in Pop- und Rock-, sowie Musical- und Filmmusik verwendet. In einer Band werden die Akkorde – sprich: der linke Teil des Slash Chords – typischerweise von Klavier oder Gitarre gespielt. Der Bass spielt dann den entsprechenden Basston auf der rechten Seite des Schrägstrichs.

Häufig werden bei Slash Chords essentielle Akkordtöne wie z. B. die Terz, Quinte oder Septime im Bass gespielt. Theoretisch kann aber auch jeder andere Ton gespielt werden, das hängt auch vom musikalischen Kontext ab. Probiere das gerne selbst mal aus. Setz' dich an dein Instrument, spiele einen Dur- oder Moll-Dreiklang und experimentiere mit verschiedenen Basstönen. Du wirst feststellen, dass sich durch Slash Chords eine völlig neue Klangwelt erschließt.

// Akkordsymbole

Die Akkordsymbol-Schrift ist quasi eine Abkürzung für Akkorde. Um nicht immer mit ausgeschriebenen Noten arbeiten zu müssen, was Platz und Zeit kosten kann, werden die Harmonien besonders im Jazz/Rock/Pop mithilfe von **Akkordsymbolen** dargestellt. Diese bestehen aus einer Kombination von Buchstaben, Symbolen und Zahlen und bündeln dabei die wichtigsten Informationen über jede Art von Akkordtyp. Sie zeigen also kurz, knapp und für jeden verständlich, was zu spielen ist.

Akkordsymbole werden z. B. zum Begleiten einer Melodie über ein einzelnes Notensystem geschrieben oder als Grundlage zum Improvisieren verwendet. Wenn du dich selbst beim Singen mit Gitarre oder Klavier begleiten willst, kannst du einfach den Songtitel + „Chords" (= Akkorde) googeln und findest meist den Text mit den passenden Akkordsymbolen darüber.

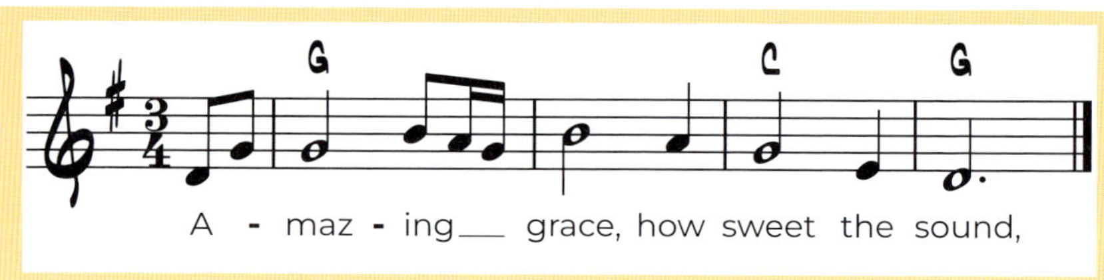

G C G
Amazing grace, how sweet the sound

3/4 | G | G | C | G

Für die Akkordsymbole gibt es noch ein paar kleine Hinweise:

- Der Buchstabe gibt den Grundton des Akkords an. Je nach Schreibweise kann ein Großbuchstabe (= Dur) oder Kleinbuchstabe (= Moll) schon das Tongeschlecht definieren. Meistens wird aber grundsätzlich mit Großbuchstaben gearbeitet. Steht der Großbuchstabe allein, handelt es sich immer um einen Dur-Dreiklang. Alle davon abweichenden Akkorde werden mit zusätzlichen Buchstaben oder Symbolen markiert.
- Weitere Töne und Änderungen (z. B. bei Vierklängen) werden mit den Intervallzahlen markiert. Eine Ausnahme gibt's allerdings: Die Zahl 7 steht bei Akkordsymbolen immer (!) für eine kleine Septime. Wenn es sich um eine große Septime handelt, wird das zusätzlich markiert.

siehe S. 38

Akkordsymbole schreiben nicht vor, in welcher Umkehrung du den entsprechenden Akkord spielen sollst. Du kannst also selbst über die passende Akkordstellung entscheiden.

Übersicht aller wichtigen Akkordsymbole[3]

Alle Akkorde werden vom Grundton C aus als Beispiel demonstriert. Das Notenbeispiel ist in Grundstellung angegeben, alle anderen Akkordstellungen sind aber natürlich genauso möglich. Da es verschiedene Schreibweisen für die Akkordsymbole gibt, sind hier die gängigsten aufgelistet.

Dur-Dreiklang	C	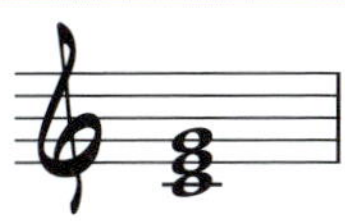	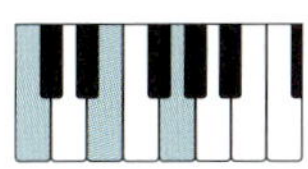
Moll-Dreiklang	Cm c C- Cmin Cmi	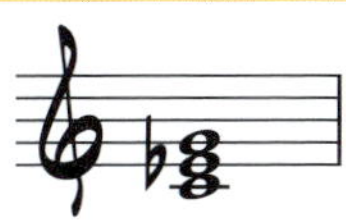	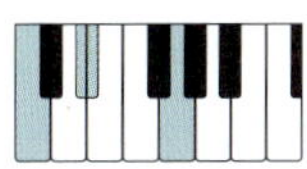
Verminderter Dreiklang	Co Cdim	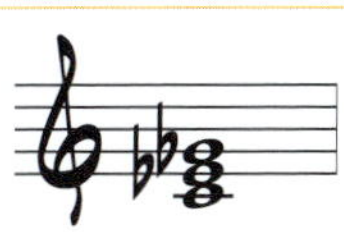	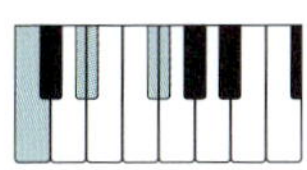

3 Du findest noch weitere Akkordsymbole im Anhang dieses Buchs.

siehe S. 115

Übermäßiger Dreiklang	C+ Caug	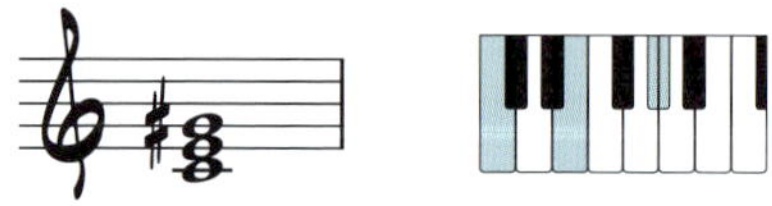
Sus2-Akkord	Csus2	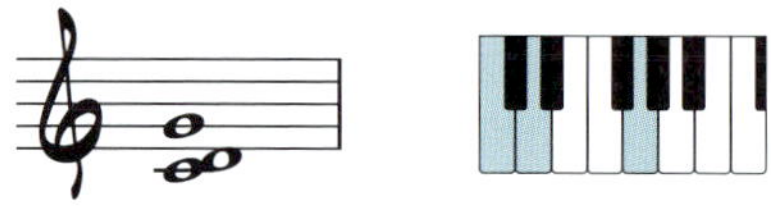
Sus4-Akkord	Csus4	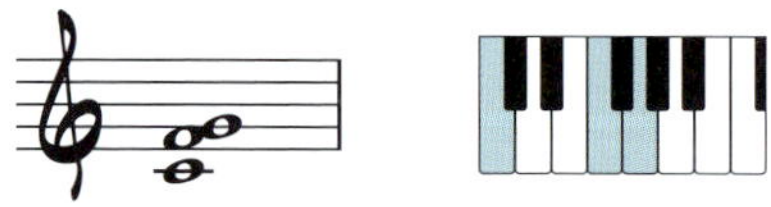
Slash-Akkord	C/E	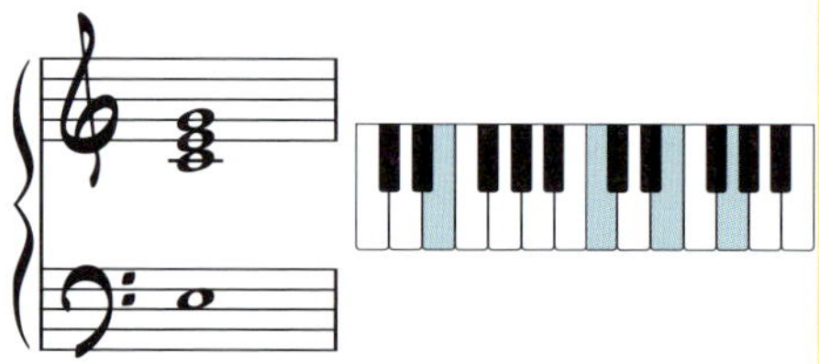
Major7-Vierklang	Cmaj7 CΔ7 Cj7	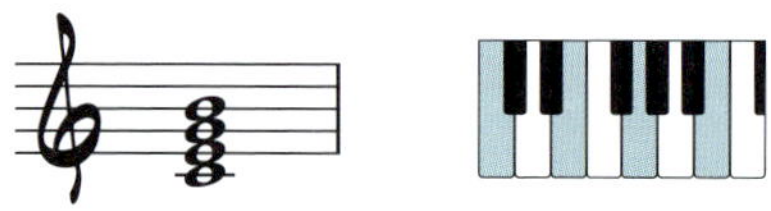
Dominant-Septakkord	C7	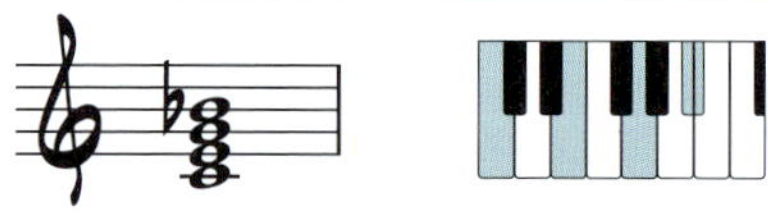
Moll7-Vierklang	Cm7 c7 C-7 Cmin7 Cmi7	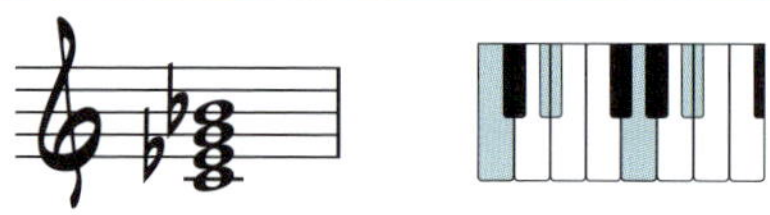
Halbverminderter Vierklang	Cø Cø7 Cm7(b5) C-7(b5)	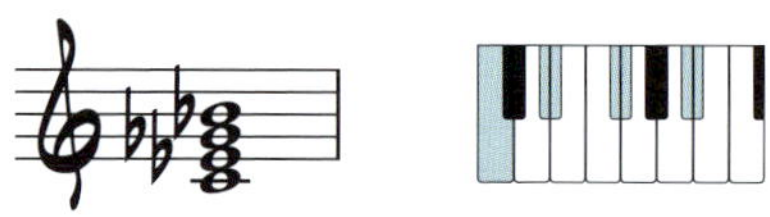
Vollverminderter Vierklang	Co7 Cdim7	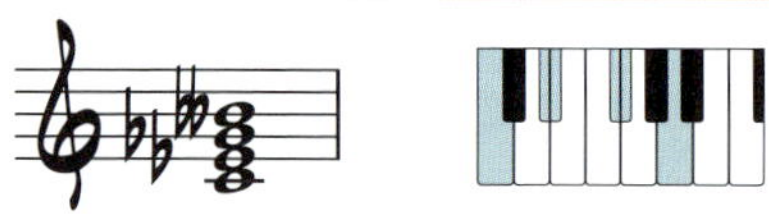

VORZEICHEN DER TONARTEN

DAS TONALE ZENTRUM

STUFENTHEORIE

FUNKTIONSTHEORIE

AKKORDFOLGEN

QUINTENZIRKEL

TON AR TEN

siehe S. 46

Eine **Tonart** beschreibt das Tonmaterial *(auch „Tonvorrat")*, aus dem ein Song komponiert ist. Mit diesem Material werden dann die Melodie und die Akkorde, also die harmonische Grundlage eines Musikstücks, gebaut. Jeder Tonart liegt eine Tonleiter zugrunde, deren Töne das Tonmaterial bilden. Die zwei wichtigsten Tonleitern sind die Dur- und Moll-Tonleiter. Dementsprechend gibt es auch Dur- und Moll-Tonarten.

// Vorzeichen der Tonarten

In welcher Tonart ein Stück steht, kannst du an den Vorzeichen am Anfang der Notenzeile erkennen. Sie stehen direkt hinter dem Notenschlüssel. Zu jeder Tonart gibt es eine zugehörige Anzahl von ♯- oder ♭-Vorzeichen, die festlegen, welche Stammtöne verändert werden. Die Vorzeichen der jeweiligen Tonart sind dabei identisch mit den Vorzeichen der zugrunde liegenden Tonleiter. Hier eine Übersicht zu allen Tonarten und ihren Vorzeichen:

Tonart	Tonleiter	Vorzeichen	Veränderte Töne
C-Dur	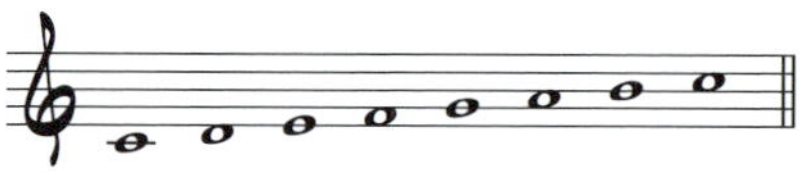	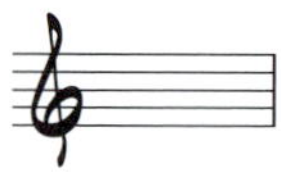	—
A-Moll	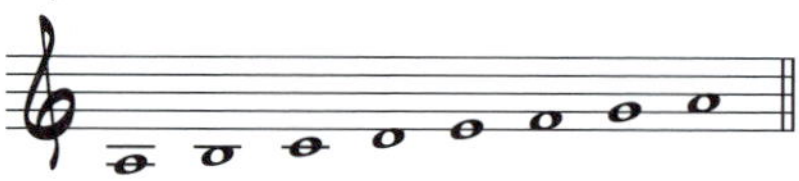	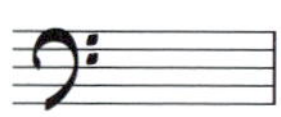	
G-Dur	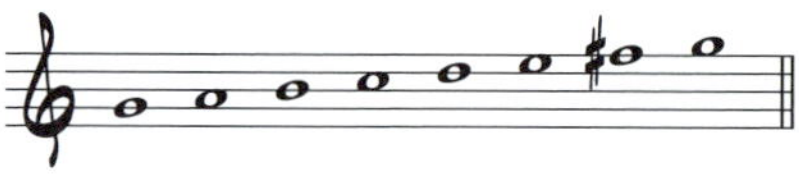	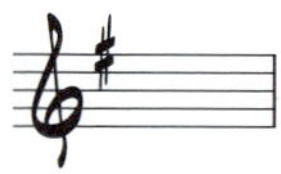	fis
E-Moll	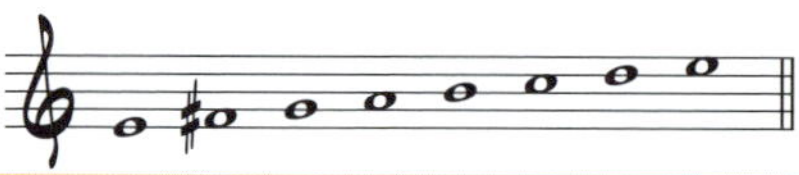	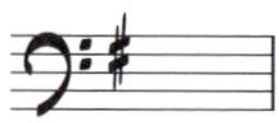	
D-Dur	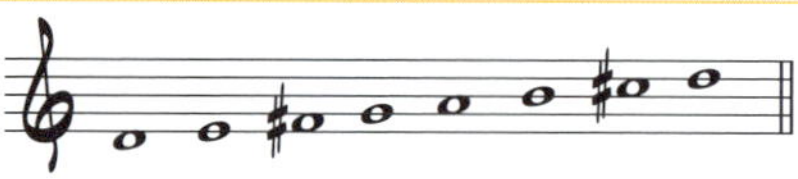	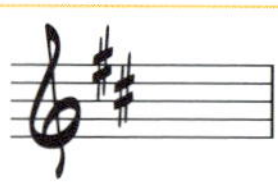	fis, cis
H-Moll	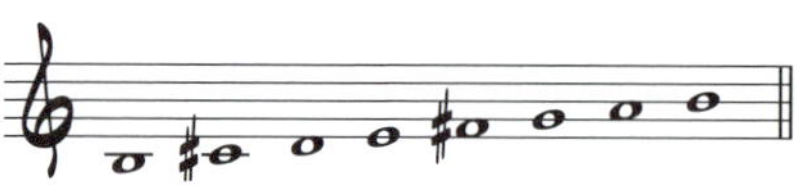	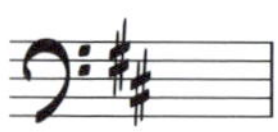	

Tonart	Tonleiter	Vorzeichen	Veränderte Töne
A-Dur	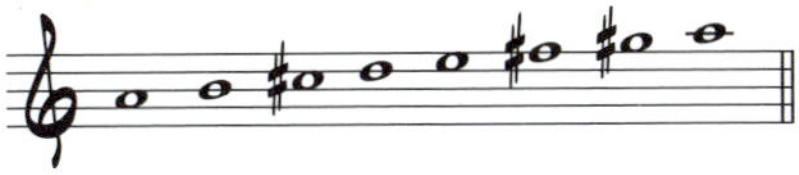	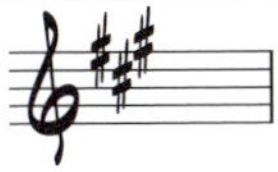	fis, cis, gis
Fis-Moll	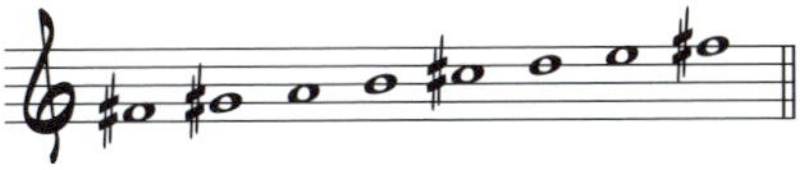	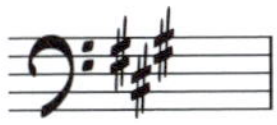	
E-Dur	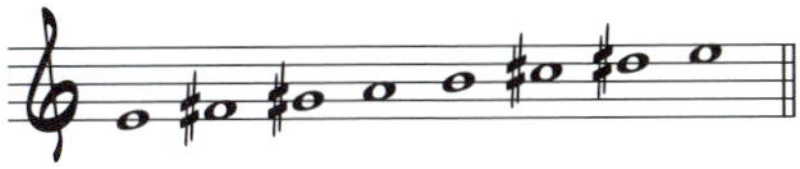	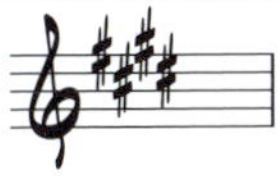	fis, cis, gis, dis
Cis-Moll	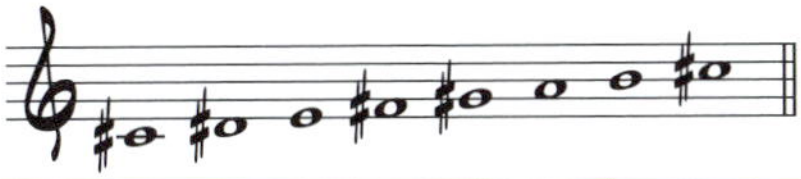	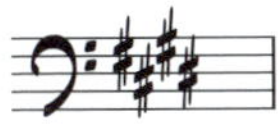	
H-Dur	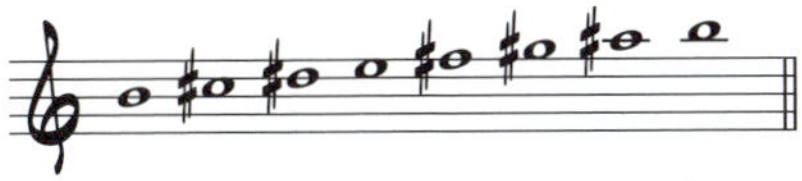	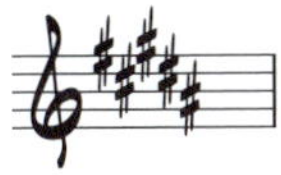	fis, cis, gis, dis, ais
Gis-Moll	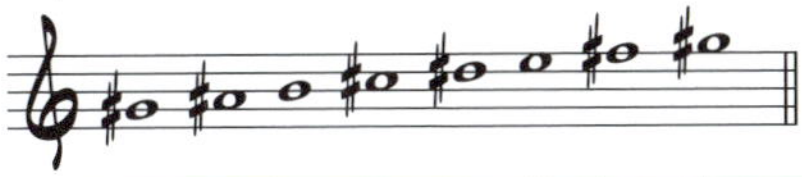	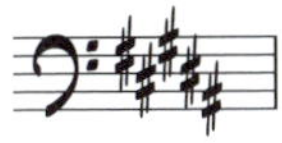	
Fis-Dur	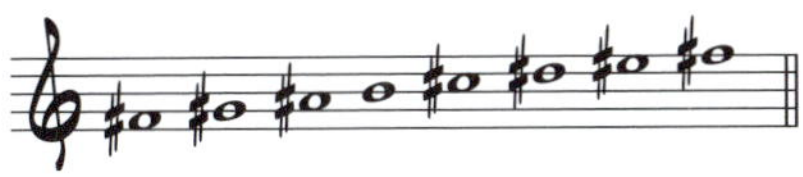	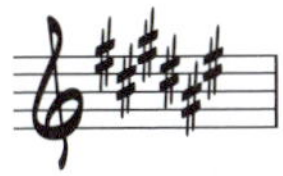	fis, cis, gis, dis, ais, eis
Dis-Moll	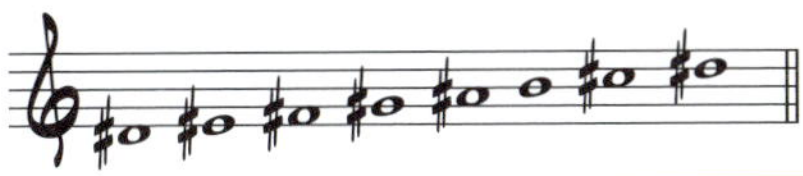	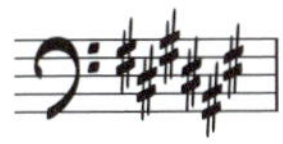	
F-Dur	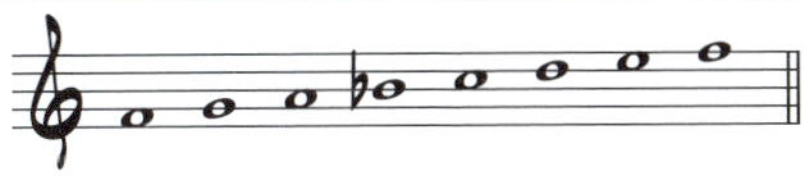	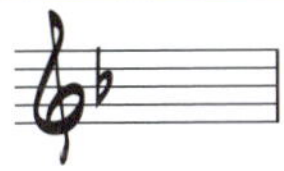	b
D-Moll	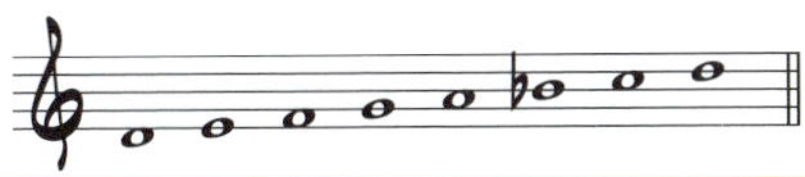	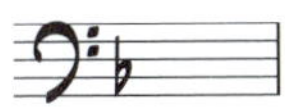	
B(b)-Dur	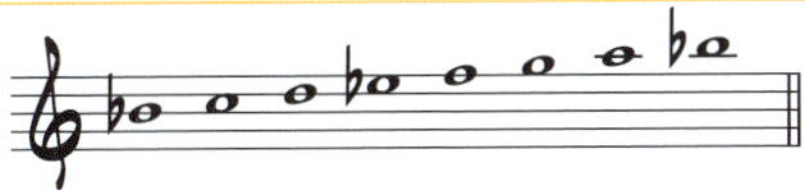	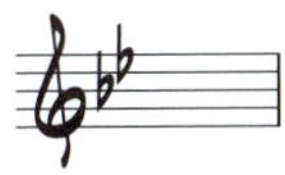	b, es
G-Moll	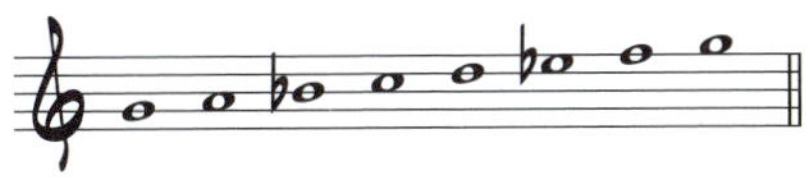	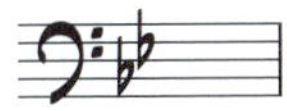	
Es-Dur	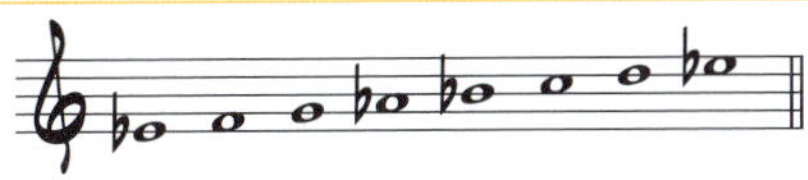	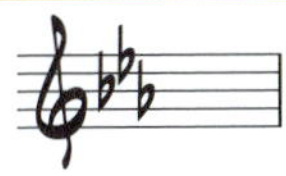	b, es, as
C-Moll	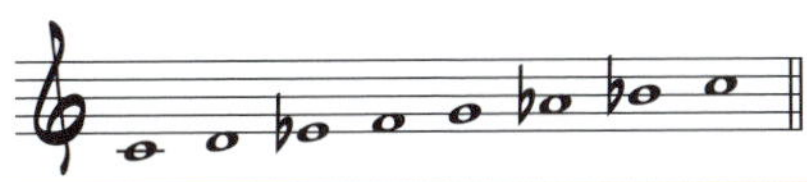	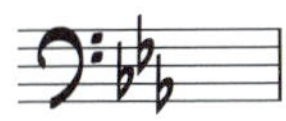	

TONARTEN

Tonart	Tonleiter	Vorzeichen	Veränderte Töne
As-Dur	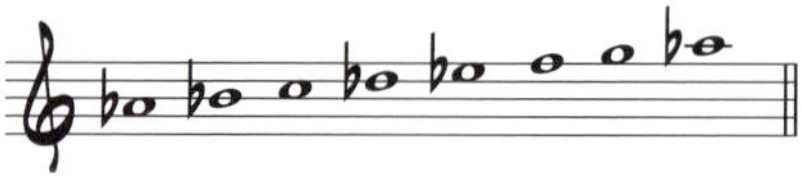	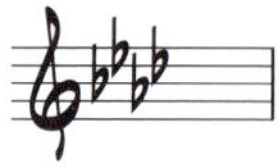	b, es, as, des
F-Moll	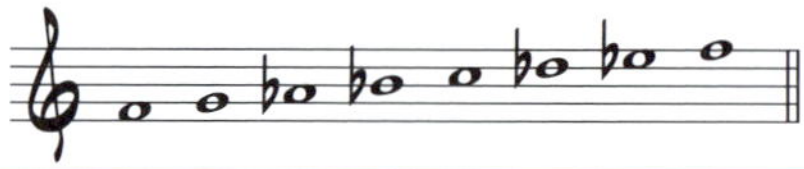	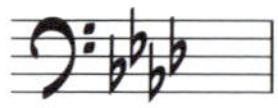	
Des-Dur	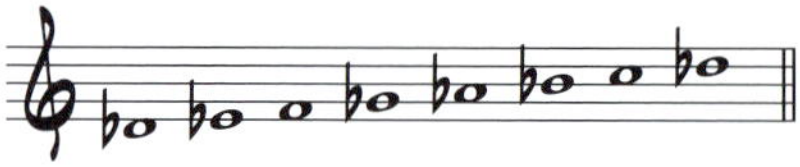	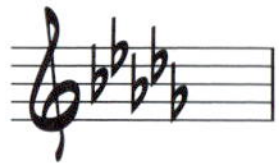	b, es, as, des, ges
B(b)-Moll	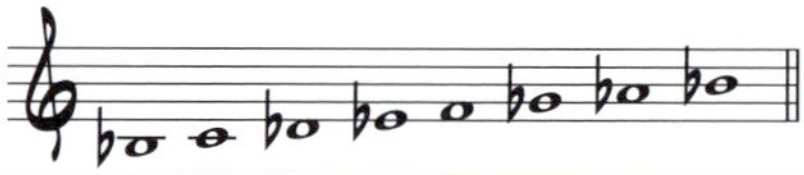	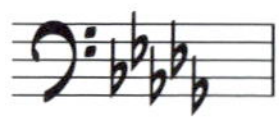	
Ges-Dur	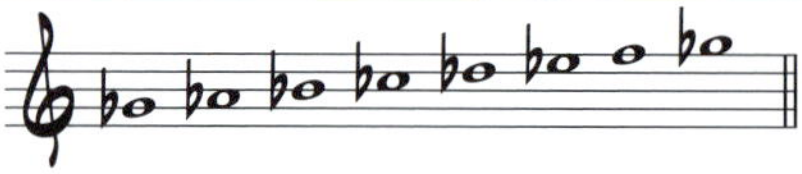	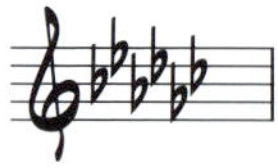	b, es, as, des, ges, ces
Es-Moll	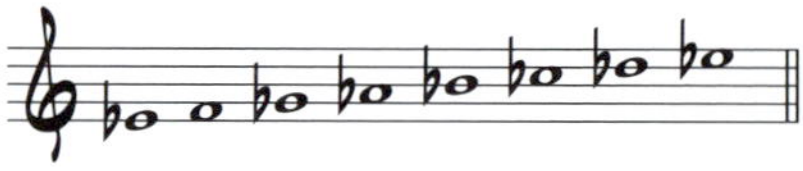	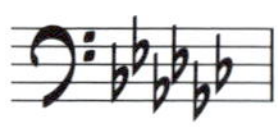	

// Das tonale Zentrum

siehe S. 49

Man könnte aufgrund der identischen Vorzeichen und der „Verwandtschaft“ zwischen einer Dur-Tonart und ihrer parallelen Moll-Tonart denken, dass es letztendlich egal ist, ob ein Song in Dur oder Moll steht. Doch das stimmt nicht!

Jeder Ton und weiterführend auch jeder Akkord einer Tonleiter bezieht sich immer auf den ersten und gleichzeitig wichtigsten Ton der jeweiligen Tonleiter – den Grundton. Er ist Dreh- und Angelpunkt eines Musikstücks, die harmonische „Heimat“ und der Ruhepol. Der Grundton, bzw. der Akkord, der auf diesem gebildet wird, wird deshalb auch als **tonales Zentrum** bezeichnet. Jeder andere Ton der Tonleiter steht in einem bestimmten Spannungsverhältnis zum Grundton und weil er so eine starke klangliche Anziehungskraft hat, wollen Melodie und Harmonien dorthin zurückkehren. Ein Song in Dur klingt also deutlich anders als ein Song in seiner parallelen Moll-Tonart, obwohl beide die gleichen Töne nutzen.

Um das tonale Zentrum eines Songs zu erkennen, muss man die Noten und Akkorde genauer analysieren oder ein gut trainiertes

Gehör haben. Der Start- und Schluss-Akkord eines Musikstücks können ein Indikator für das tonale Zentrum sein, sind aber keinesfalls eine Garantie dafür. Der musikalische Kontext muss immer in seiner Gesamtheit betrachtet werden.

// Stufentheorie

Betrachtet man eine Tonleiter wie eine Treppe aus Tönen, steht jeder Ton für eine Stufe. Auf den einzelnen Stufen können nun Dreiklänge gebildet werden, die nur aus den Tönen bestehen, die in dieser Tonleiter enthalten sind. Deswegen nennt man sie auch leitereigene bzw. diatonische Akkorde. Das funktioniert sowohl bei Dur- als auch bei Moll-Tonleitern.

Die so entstehenden Harmonien passen ganz hervorragend zueinander und klingen wie aus einem Guss. Logisch – sie beziehen sich ja auf dieselbe Tonleiter, sie gehören zur gleichen Tonart. Die **Stufentheorie** ist deswegen auch eine ideale Herangehensweise fürs erste Songwriting. Die einzelnen Stufen werden mit römischen Zahlen gekennzeichnet.

Das Prinzip, sich nur am Tonmaterial einer Dur- oder Moll-Tonleiter zu bedienen und daraus dann einzelne Harmoniestrukturen abzuleiten, nennt man auch Diatonik.

GOOD TO KNOW

Stufenakkorde in Dur[1]

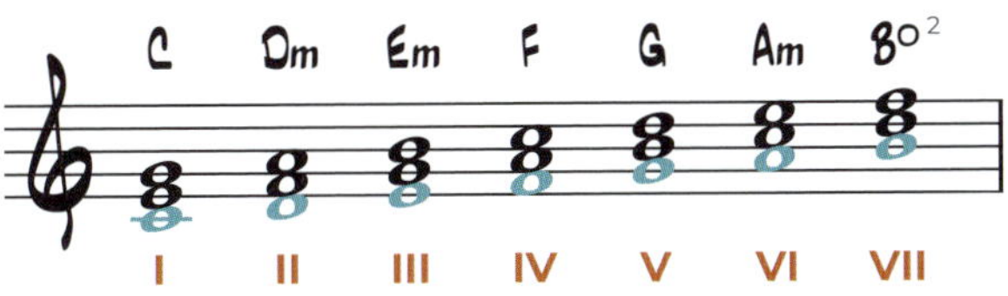

Wenn du dir die einzelnen Akkorde genauer anschaust, erkennst du, dass sich mit diesem Vorgehen auf den Stufen drei verschiedene Akkordtypen bilden lassen: Auf der ersten, vierten und fünften

1 Im Anhang findest du zu allen Dur-Tonarten die dazugehörigen Stufenakkorde. siehe S. 116

2 Bei Akkordsymbolen nutzen wir die internationale Schreibweise der Akkorde H und B, nämlich B und Bb. siehe S. 17

Stufe entsteht jeweils ein Dur-Dreiklang. Auf der zweiten, dritten und sechsten Stufe entsteht jeweils ein Moll-Dreiklang und auf der siebten Stufe ein verminderter Dreiklang. In diesem Beispiel gehören also ganz konkret zur Tonart C-Dur die Akkorde C-Dur, D-Moll, E-Moll, F-Dur, G-Dur, A-Moll und H-vermindert.

Diese Akkordtypen auf den einzelnen Stufen sind in jeder Dur-Tonart identisch. Du kannst dir also folgende Reihenfolge merken:

Dur	Moll	Moll	Dur	Dur	Moll	vermindert
I	II	III	IV	V	VI	VII

All diese Stufenakkorde können beliebig miteinander kombiniert werden und bilden so die harmonische Grundlage eines Songs in einer Dur-Tonart. Einige Akkordfolgen haben sich besonders durchgesetzt, du findest sie auf S. 87.

Stufenakkorde in Moll

Natürlich lassen sich auch auf Basis der Moll-Tonleiter Stufenakkorde bilden:

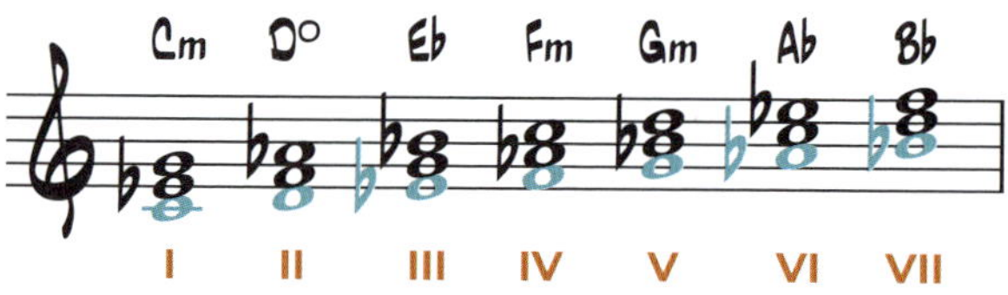

Die Akkordtypen auf den einzelnen Stufen unterscheiden sich von denen in Dur. Hier liegt auf der ersten, vierten und fünften Stufe jeweils ein Moll-Dreiklang. Auf der dritten, sechsten und siebten Stufe entsteht jeweils ein Dur-Dreiklang und auf der zweiten Stufe ein verminderter Dreiklang. Im konkreten Fall von C-Moll gehören also die Akkorde C-Moll, D-vermindert, Es-Dur, F-Moll, G-Moll, As-Dur und und B(b)-Dur zur Tonart.

Diese Akkordtypen auf den einzelnen Stufen lassen sich auf jede Moll-Tonart übertragen. Du kannst dir also folgende Reihenfolge merken:

Moll	vermindert	Dur	Moll	Moll	Dur	Dur
I	II	III	IV	V	VI	VII

Auch in einer Moll-Tonart kannst du mit diesen Stufenakkorden experimentieren und sie beliebig miteinander kombinieren. Einige Akkordfolgen haben sich besonders durchgesetzt, du findest sie auf S. 87.

// Funktionstheorie

Musik arbeitet immer mit klanglicher Spannung und anschließender Auflösung der Spannung. Genau deshalb stehen innerhalb eines Songs oder eines klassischen Musikstücks die leitereigenen Akkorde in einem bestimmten Spannungsverhältnis zueinander. Mithilfe der Funktionstheorie wird jeder Akkordstufe eine bestimmte klangliche Funktion zugeteilt. Jeder Stufenakkord der Tonart erfüllt dabei quasi eine eigene „harmonische Aufgabe".

Unter den römischen Zahlen der einzelnen Stufen stehen im folgenden Notenbeispiel die Kürzel der Funktionstheorie – die Funktionssymbole. Achtung! Diese bitte nicht mit den Akkordsymbolen verwechseln. Grundsätzlich unterscheidet man bei den Akkorden sowohl in Dur als auch in Moll zwischen zwei Gruppen – den Hauptfunktionen und Nebenfunktionen.

siehe S. 79

Funktionstheorie in Dur

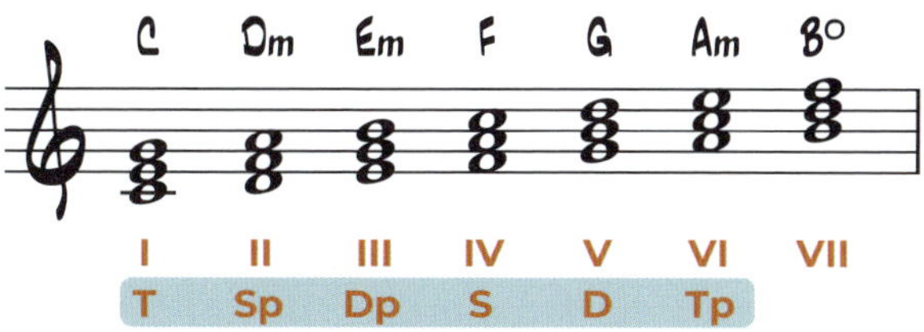

Zu den **Hauptfunktionen** in Dur gehören die erste, vierte und fünfte Stufe der Dur-Tonleiter. Alle drei sind Dur-Dreiklänge. Die erste Stufe wird Tonika (T) genannt. Die Tonika ist innerhalb eines Songs das tonale Zentrum, also die harmonische Basis und oft auch der Schlussakkord. Die vierte Stufe wird Subdominante (S) genannt und wird oft als verbindendes Element genutzt. Die fünfte Stufe wird als Dominante (D) bezeichnet, sie ist im Vergleich zur Tonika ein spannungsreicher Klang. Da die Dominante den Leitton

siehe S. 78

siehe S. 50

(die große Septime) der Tonleiter enthält, hat sie ein starkes Auflösungsbedürfnis zurück zur Tonika.

Zusammengefasst stehen die drei Hauptfunktionen für folgende Eigenschaften:

Tonika = „Heimat“
Subdominante = Bewegung
Dominante = Spannung

Mit den drei Hauptfunktionen lassen sich schon sehr viele Melodien harmonisieren bzw. Volkslieder oder Pop/Rock-Songs begleiten, wie hier bei dem bekannten Traditional „Amazing Grace” von John Newton. Der Song steht in G-Dur. Dementsprechend ist G-Dur die Tonika, C-Dur die Subdominante und D-Dur die Dominante.

Amazing Grace

T: John Newton (1725-1807)
M: überliefert (aus Neu-England, USA)

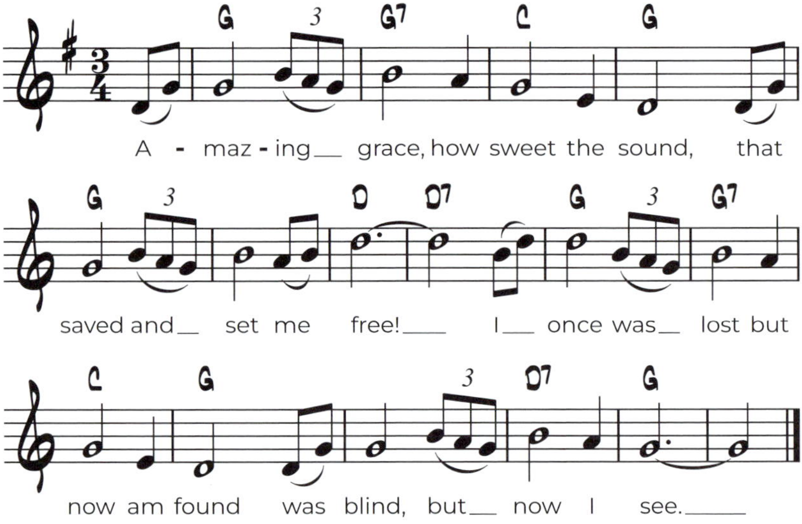

Zu den **Nebenfunktionen** gehören die Akkorde auf der zweiten, dritten und sechsten Stufe. Alle drei sind Moll-Dreiklänge. Die Nebenfunktionen stehen in Abhängigkeit zu den Hauptfunktionen, sie stehen im Terz-Abstand zueinander.

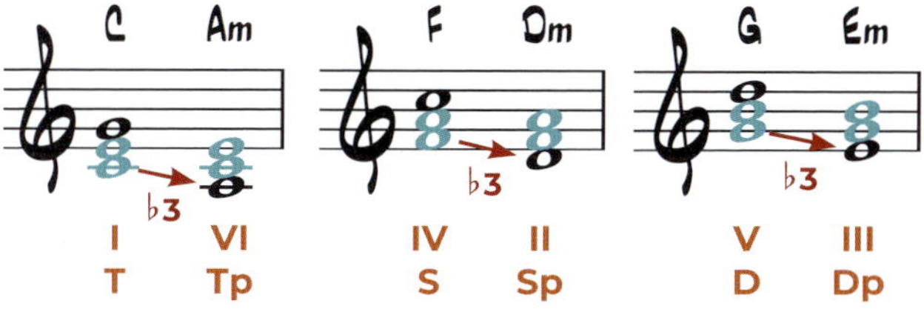

Die zweite Stufe steht im Terz-Abstand zur Subdominante (S) und bekommt deshalb die Funktion der Subdominant-Parallele (Sp) zugeordnet. Der Akkord auf der dritten Stufe hat den Abstand einer kleinen Terz zur Dominante (D) und daher die Funktion der Dominant-Parallele (Dp). Und die sechste Stufe steht im Terz-Abstand zur Tonika (T), sie hat die Funktion der Tonika-Parallele (Tp).

Die Hauptfunktionen stehen in direkter Beziehung zu ihren jeweiligen Nebenfunktionen, weil sie immer zwei überlappende Töne enthalten. Die drei Nebenfunktionen werden deshalb oft zum Austausch von Hauptfunktionen verwendet. So kann man z. B. innerhalb einer Akkordfolge eine Hauptfunktion durch eine Nebenfunktion, im Idealfall mit ihrer eigenen Parallelfunktion, ersetzen und dadurch einen Song interessanter und abwechslungsreicher gestalten. Natürlich können die Nebenfunktionen aber auch ergänzend zu den Hauptfunktionen eingesetzt werden.

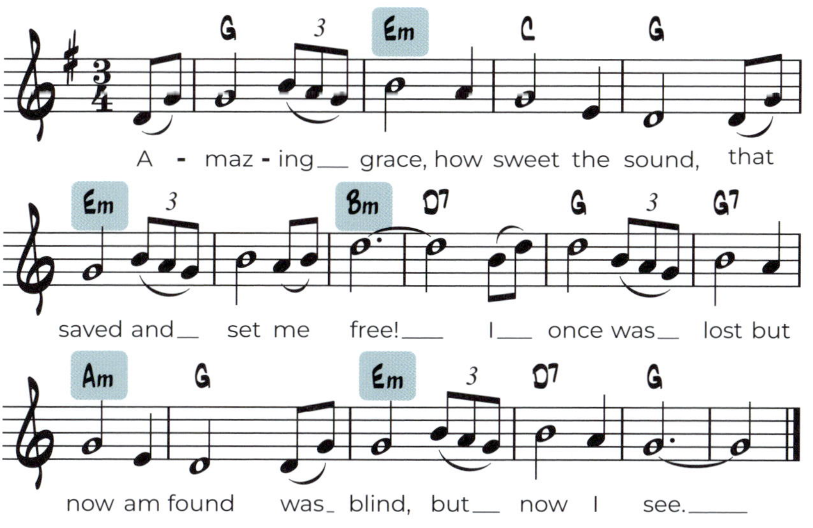

TONARTEN

Der Akkord der siebten Stufe nimmt eine Sonderstellung ein, auf ihr wird ein verminderter Dreiklang gebildet. Da dieser Dreiklang sehr spannungsreich und instabil ist, wird ihm keine eindeutige Funktion zugeordnet. Man kann ihn aber als eine Art Dominant-Klang sehen, da dieser den Leitton und Gleitton der Tonart enthält, die ein starkes Auflösungsbedürfnis zurück zur Tonika haben.

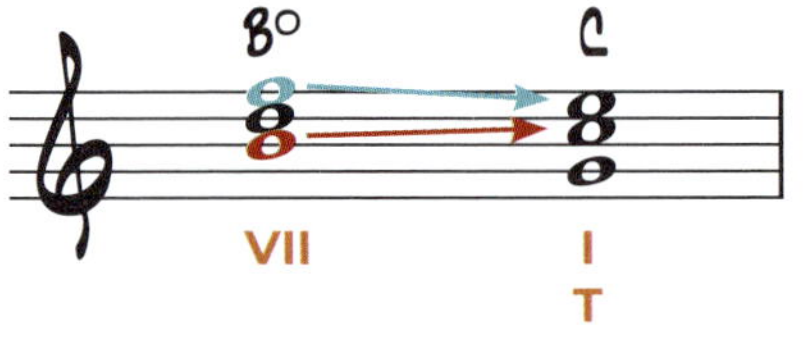

Funktionstheorie in Moll

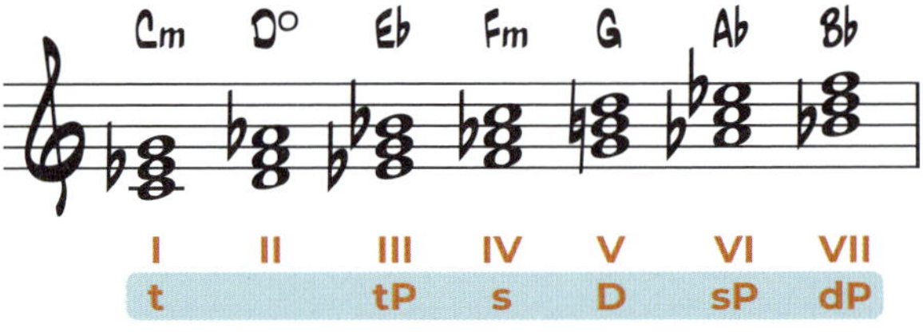

Vorsicht! Allgemein werden bei den Funktionssymbolen für Dur-Akkorde groß geschriebene Abkürzungen verwendet. Da wir uns aber nun in einer Moll-Tonart befinden und z. B. die Tonika ein Moll-Akkord ist, wird hier die klein geschriebene Variante benutzt.

Zu den **Hauptfunktionen** gehören, genau wie in Dur, die erste, vierte und fünfte Stufe der Moll-Tonleiter. Die erste Stufe ist also die Tonika (t) der Tonart, ein Moll-Akkord und das tonale Zentrum. Auf der vierten Stufe liegt die Subdominante (s), sie ist ebenfalls ein Moll-Akkord und steht auch in einer Moll-Tonart für Bewegung.

Bei der Dominante in Moll gibt es eine Besonderheit. Eigentlich wäre an dieser Stelle, wenn man nur die diatonischen, also leitereigenen Töne benutzt, ein Moll-Akkord. Da Dominanten aber laut der Funktionstheorie die „harmonische Aufgabe" haben, eine klangliche Spannung aufzubauen und sich wieder zur Tonika hin aufzulösen, braucht es den Leitton, der einen HTS unter dem Grundton liegt. Das Problem: Bei der natürlichen Moll-Tonleiter gibt es diesen Leitton nicht.

siehe S. 48

Um das zu ändern und auch in Moll-Tonarten der Dominante ihre typische Funktion zu geben, wird die Terz der Dominante mithilfe eines ♯ oder ♮ um einen HTS erhöht. Auf der fünften Stufe steht also die Dominante (D) als Dur-Akkord.

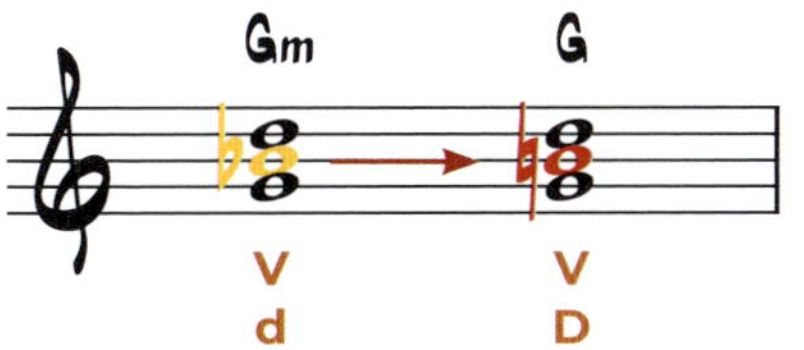

Die Umwandlung der Dominante zu einem Dur-Akkord trifft als festgelegte Regel nur auf die „klassische" Harmonielehre zu. In Songs aus der Jazz/Rock/Pop-Musik kann die fünfte Stufe in Dur und Moll auftauchen.

GOOD TO KNOW

Zu den **Nebenfunktionen** in Moll gehören die Akkorde auf der dritten, sechsten und siebten Stufe. Alle drei sind Dur-Akkorde. Die Parallelfunktionen stehen dabei, genau wie bei Dur, im Terz-Abstand zu ihren Hauptfunktionen und teilen sich ebenfalls jeweils zwei gemeinsame Töne.

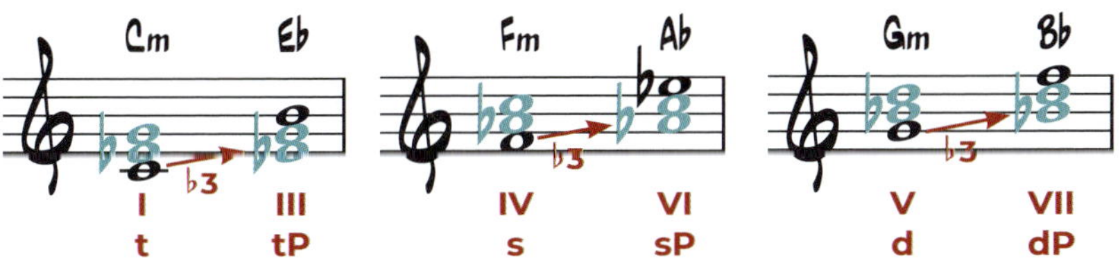

Die dritte Stufe liegt im Terz-Abstand zur Tonika (t) und wird daher als Tonika-Parallele (tP) bezeichnet. Sie wird mit einem kleinen t abgekürzt, weil sie die Parallelfunktion eines Moll-Akkords ist, aber mit einem großen P, da die Tonika-Parallele selbst ein Dur-Akkord ist. Die sechste Stufe ist die Subdominant-Parallele (sP), die im Terz-Abstand zur Subdominante (s) liegt. Der Dur-Akkord auf der siebten Stufe steht im Terz-Abstand zur Dominante (D) und ist damit die Dominant-Parallele (dP). Da „eigentlich" auf der fünften Stufe ein G-Moll Akkord stehen müsste, wird auch diese Akkordfunktion mit einem kleinen d und einem großen P abgekürzt.

Genau wie in Dur-Tonarten können die Nebenfunktionen zum Austausch von Hauptfunktionen verwendet werden.

Der verminderte Akkord auf der zweiten Stufe nimmt auch hier eine Sonderstellung ein. Dieser Akkord kann verschieden interpretiert werden. Er kann unter anderem die Funktion der Subdominante übernehmen oder als Erweiterung der Dominante oder Dominant-Parallele dienen.

// Akkordfolgen

Wie gesagt, die Stufenakkorde einer Tonart passen super zusammen und können deshalb in beliebiger Reihenfolge miteinander kombiniert werden. Hier ist deine Kreativität gefragt! Probiere das doch einfach mal selbst mit Klavier oder Gitarre aus und erfinde deine eigene Akkordfolge.

Falls du doch ein wenig Inspiration brauchst: Vor allem durch ihre klanglichen Funktionen haben sich einige Akkordverbindungen besonders etabliert. Hier findest du eine Auswahl typischer Akkordfolgen am Beispiel von C-Dur. Sie sind aber natürlich auch auf jede andere Tonart übertragbar.

Voll-Kadenz in Dur

‖ C ∣ F ∣ G ∣ C ‖

I IV V I

Voll-Kadenz in Moll

‖ Cm ∣ Fm ∣ G ∣ Cm ‖

I IV V I

Trugschluss

‖ C ∣ F ∣ G ∣ Am ‖

I IV V VI

4-Chord-Song in Dur

‖: C ∣ G ∣ Am ∣ F :‖

I V VI IV

4-Chord-Song in Moll

‖: Am ∣ F ∣ C ∣ G :‖

I VI III VII

II-V-I Verbindung in Dur

‖: Dm7 ∣ G7 ∣ C△7 ∣ C△7 :‖

II V I I

II-V-I Verbindung in Moll

‖: Dø7 ∣ G7 ∣ Cm7 ∣ Cm7 :‖

II V I I

Turnaround

‖: C△7 ∣ Am7 ∣ Dm7 ∣ G7 :‖

I VI II V

// Quintenzirkel

Der Quintenzirkel ist eines der wichtigsten und nützlichsten Werkzeuge in der Musik. Er liefert einen kompakten Überblick über alle Dur- und Moll-Tonarten sowie ihre Vorzeichen. Der Name kommt daher, weil im Uhrzeigersinn alle Grundtöne der Tonarten im Abstand einer reinen Quinte angeordnet sind.

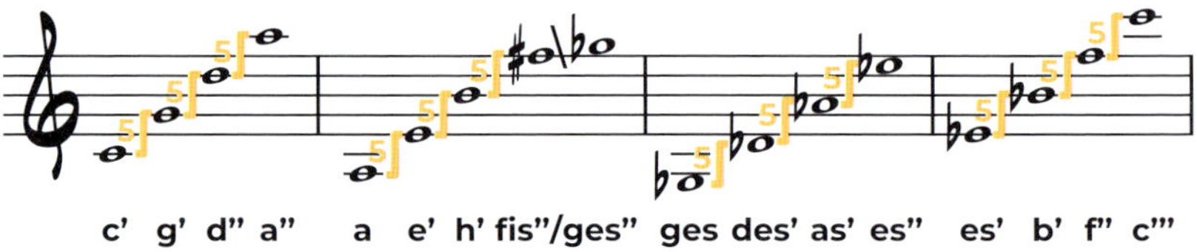

Der Quintenzirkel zeigt im äußeren Kreis alle Dur-Tonarten und im inneren Kreis die dazugehörigen parallelen Moll-Tonarten. Er startet ganz oben bei C-Dur (keine Vorzeichen) und ist nach rechts in ♯- und nach links in ♭-Tonarten aufgeteilt, wobei bei jedem Schritt bzw. jedem „Quintsprung" jeweils ein Vorzeichen hinzukommt. Die Vorzeichen haben dabei immer eine festgelegte Position und folgen einem festgelegten Schema. So beinhaltet z. B. A-Dur gleichzeitig auch die Vorzeichen der vorangegangenen Tonarten G- und D-Dur.

Du kannst also die Anzahl der Vorzeichen ablesen und sogar sehen, welche Töne genau verändert werden müssen. Außerdem kann er dir beim Bestimmen der Stufenakkorde helfen, was z. B. beim Songwriting super nützlich ist. Du siehst: Der Quintenzirkel ist eine musikalische Wunderwaffe, die du dir zu Nutze machen kannst!

GOOD TO KNOW

Manchmal wird der Quintenzirkel auch als Quartenzirkel bezeichnet, da die Tonarten beim Lesen gegen den Uhrzeigersinn (C-Dur, F-Dur, B(b)-Dur usw.) auch als aufsteigende Quarten verstanden werden können.

Der Quintenzirkel

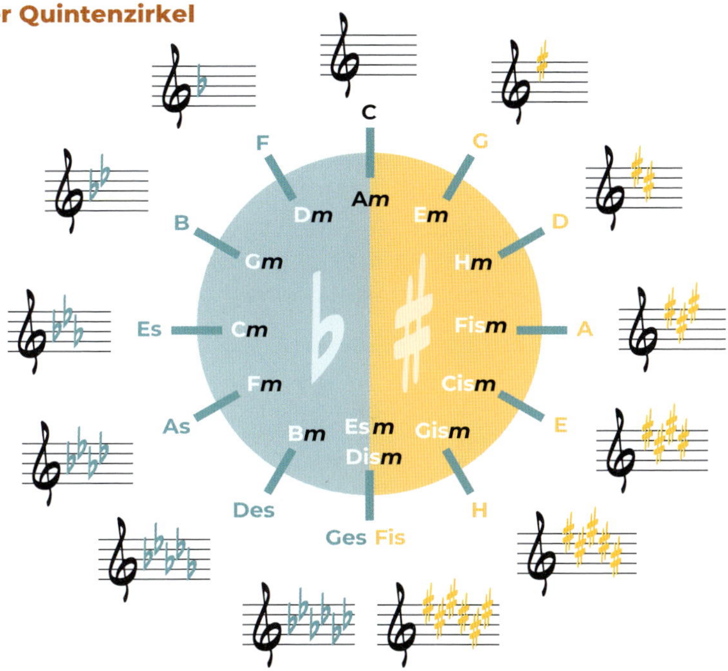

Ein wichtiger Schnittpunkt sind die Tonarten Fis-Dur bzw. Ges-Dur. Diese beiden Tonarten sind hinsichtlich ihres Tonmaterials identisch, nutzen nur verschiedene Vorzeichen und sind deshalb enharmonisch verwechselt. Sprich: du kannst die Tonart als Fis-Dur (mit sechs ♯-Vorzeichen) oder als Ges-Dur (mit sechs ♭-Vorzeichen) darstellen. Und nur zur Info: Die direkt gegenüberliegenden Tonarten stehen immer im Verhältnis eines Tritonus (übermäßige Quarte bzw. verminderte Quinte) zueinander.

siehe S. 17

siehe S. 38

Merkhilfe für die Tonarten

Es ist sinnvoll, die Reihenfolge der Tonarten auswendig zu lernen bzw. sie dir mithilfe deines Instruments zu merken. Es gibt Merksätze, die dir dabei helfen können. Die Anfangsbuchstaben der einzelnen Wörter stehen dabei für die Grundtöne der Dur-Tonarten. Für die Seite der ♯-Tonarten wäre das z. B.:

„**G**eh **D**u **A**lter **E**sel **H**ole **Fis**che“

...und für die ♭-Tonarten:

„**F**amilie **B**eim **Es**sen **As**iatischer **Des**serts **Ges**ichtet“

Merkhilfe für die Vorzeichen

Wenn du zwar easy die Anzahl der Vorzeichen einer Tonart benennen kannst, aber Schwierigkeiten hast dich zu erinnern, welche Stammtöne dabei in welcher Reihenfolge genau verändert werden, ist dieser Tipp Gold wert! Man kann im Quintenzirkel nämlich zwischen den Tonarten F-Dur und B(b)-Dur eine imaginäre Linie ziehen. So lassen sich von dort aus beim Lesen gegen den Uhrzeigersinn ganz automatisch die richtigen Positionen der ♭-Vorzeichen und beim Lesen im Uhrzeigersinn die der ♯-Vorzeichen (jeweils mit der Endung -is) ablesen.

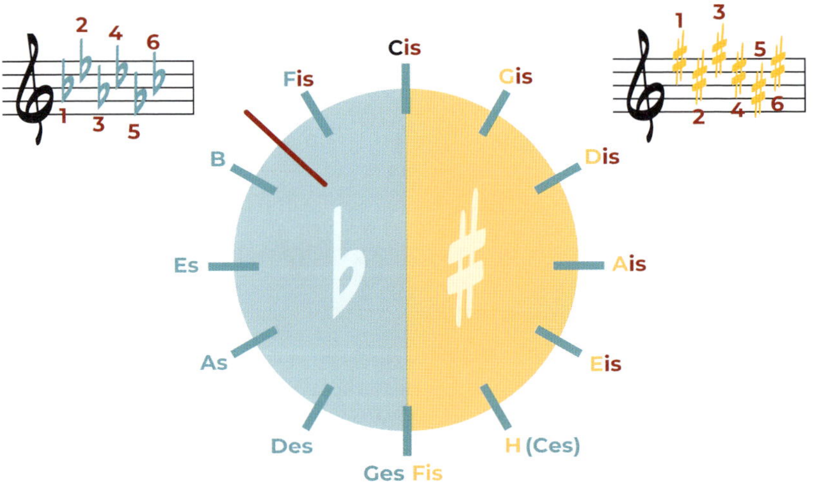

Die Töne, die sich bei den ♭- Tonarten verändern, sind also aufsteigend b, es, as, des, ges und (enharmonisch verwechselt) ces. Bei den ♯-Tonarten sind es die Töne fis, cis, gis, dis, ais und (enharmonisch verwechselt) eis.

Merkhilfe für die Stufenakkorde

siehe S. 79

Jede Tonart hat ihre zugehörigen Stufenakkorde, die du schon bei der Stufentheorie kennengelernt hast. Mithilfe des Quintenzirkels können diese Akkorde schnell gefunden werden. Über jede Dur-Tonart kannst du nämlich einfach folgende Schablone legen und du siehst automatisch die Stufenakkorde von Stufe I bis VI. Nur die siebte Stufe (VII), der verminderte Akkord, ist nicht zu sehen. Den siebten Stufenakkord kann man sich aber schnell vom Grundton ableiten, er liegt immer einen HTS darunter.

Schablone für Dur-Tonarten

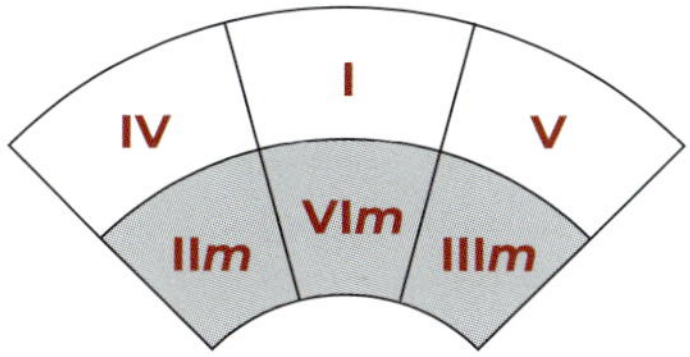

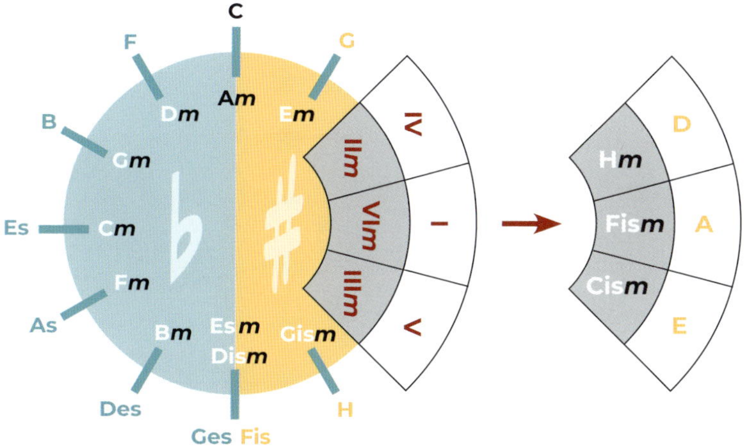

Am Beispiel von A-Dur sind die zugehörigen Akkorde also A-Dur (I - T), H-Moll (II - Sp), Cis-Moll (III - Dp), D-Dur (IV - S), E-Dur (V - D) und Fis-Moll (VI - Tp).

Das Gleiche funktioniert natürlich auch in Moll. Hier kannst du diese Schablone auf jede beliebige Moll-Tonart legen und erhältst die Stufen I und III - VII. Nur die zweite Stufe (II), der verminderte Akkord ist nicht zu sehen.

Schablone für Moll-Tonarten

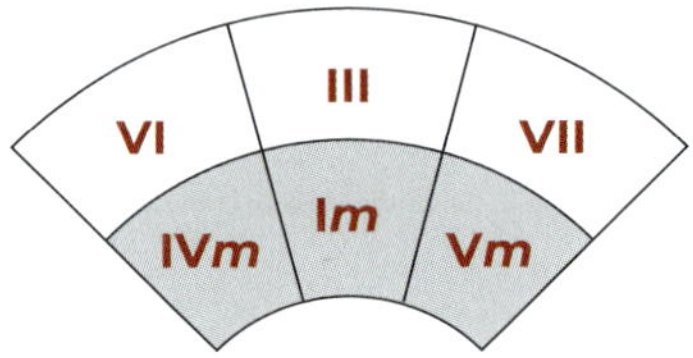

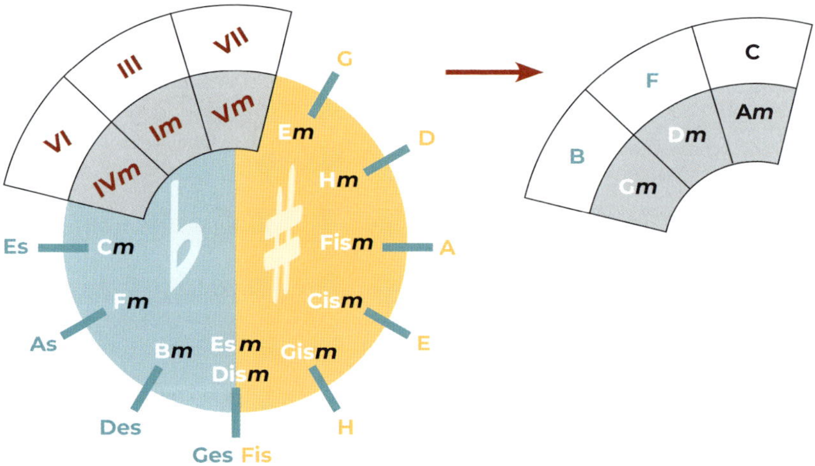

Am Beispiel von D-Moll sind die zugehörigen Akkorde also D-Moll (I - t), F-Dur (III - tP), G-Moll (IV - s), A-Moll (V - d) bzw. in der klassischen Harmonielehre A-Dur (V - D) , B(b)-Dur (VI - sP) und C-Dur (VII - dP)

WIR SCHREIBEN EINEN SONG

BASIS (TAKTART, TEMPO, AUFBAU, TONART)

INTRO

VERSE (STROPHE)

PRE-CHORUS

CHORUS (REFRAIN)

SOLO (IMPROVISATION)

OUTRO

DER FINALE SONG

PRAXIS

// Wir schreiben einen Song

All die Theorie ist schön und gut. Doch sie ist nichts wert, wenn sie nicht zur Anwendung kommt. Musik muss klingen! Alle Elemente, die du bis jetzt kennengelernt hast, finden deswegen hier ihren Platz. Und wie geht das besser als mit einem selbst komponierten Song? Wir haben einen geschrieben! Jetzt nehmen wir dich Schritt für Schritt bei unserem Songwriting-Prozess mit.

Dabei soll dieses Kapitel in erster Linie als Inspiration dienen. Vielleicht nimmst du ja danach selbst Instrument, Stift und Papier in die Hand. Oder du analysierst deinen Lieblingssong mal etwas genauer und entdeckst dabei ganz viele musikalische Zusammenhänge. So oder so - wir können dich nur ermutigen nicht bei der Theorie stehen zu bleiben, sondern sie zum Leben zu erwecken. Probiere einfach ganz viel aus, so wie die meisten Songwriter (im Pop) das übrigens auch machen. In diesem Sinne: Viel Freude beim Musik machen!

// Basis (Taktart, Tempo, Aufbau, Tonart)

siehe S. 29
siehe S. 11

Wir möchten einen „uplifting" Popsong schreiben, zu dem man sich gut bewegen kann. Deswegen entscheiden wir uns für einen 4/4-Takt, da das einfach die gängigste **Taktart** für dieses Genre ist. Das **Tempo** liegt bei 120 bpm – perfekt zum tanzen! Der Song soll aus mehreren Teilen bestehen, die sich in Melodie, Akkorden und auch vom Energie-Level her unterscheiden. Außerdem soll auch Raum zum Improvisieren sein, in unserem Fall in Form eines Gitarren-Solos. Wir wählen also folgenden, recht **typischen Aufbau** für Popsongs.

Intro // Verse (Strophe) // Pre-Chorus // Chorus (Refrain) // Verse // Pre-Chorus // Chorus // Gitarren-Solo // Chorus // Outro

siehe S. 76

Die Wahl der **Tonart** ist von verschiedenen Faktoren abhängig. Da unser Song leicht auf Gitarre und Klavier zu spielen sein soll, möchten wir nicht mit zu vielen Vorzeichen arbeiten – das sieht dann auch in den Noten übersichtlicher aus. Außerdem soll die Melodie später in einer gut singbaren Lage sein. Wir entscheiden uns für

G-Dur, da gibt's nur ein ♯-Vorzeichen. Die zugrunde liegende Tonleiter, auf der alles basiert, sieht so aus:

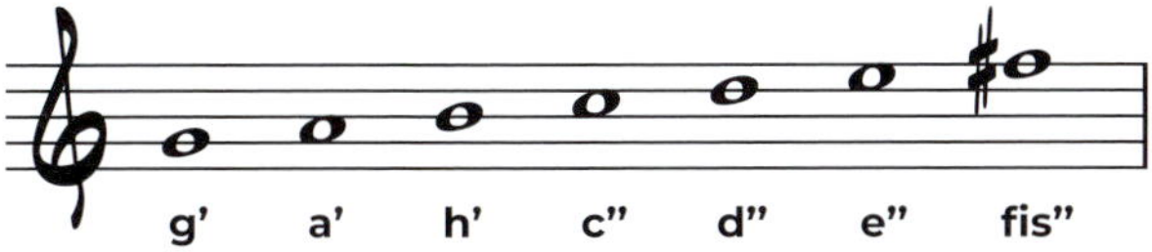

Um die zueinander passenden Akkorde in G-Dur zu finden, wenden wir die **Stufentheorie** an. Auf jedem Ton der Tonleiter, also auf jeder „Stufe", kann ein Dreiklang gebildet werden. Deren Tongeschlechter sind bei jeder Dur-Tonleiter identisch. Die Stufenakkorde von G-Dur sind demnach: siehe S. 79

G Am Bm[1] C D Em F♯o

Zur Überprüfung und als kleine Abkürzung fürs nächste Mal können wir auch im Quintenzirkel die „Dur-Schablone" über G-Dur legen. Dabei kommt das gleiche Ergebnis raus (ohne den verminderten Akkord der siebten Stufe).

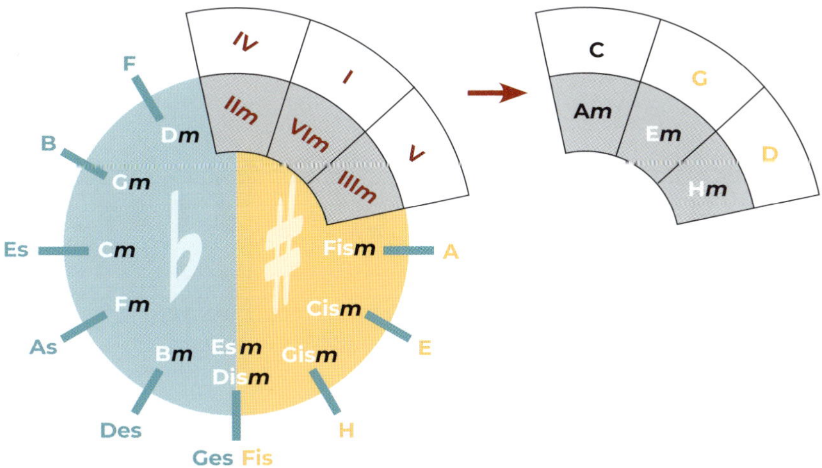

Aus diesen Akkorden können wir also die harmonische Grundlage des Songs bauen.

siehe S. 17

1 Gesprochen H-Moll.

// Intro

Wir starten mit dem **Intro**, das einen beim Hören direkt in die Welt des Songs mitnehmen und deshalb eine eingängige Hookline (*kurz „Hook“*) beinhalten soll. *Hook* bedeutet übersetzt „Haken“ und bezeichnet eine oft einfache Melodie mit prägnantem Rhythmus. Das Publikum soll an diesem Haken quasi hängen bleiben und somit direkt von Anfang an dran bleiben. Manchmal wird die Hook auch mit dem Chorus, also dem Refrain gleichgesetzt.

Akkordfolge

Sowohl im Intro als auch im späteren Chorus wollen wir mit den gleichen Akkorden arbeiten, um einen Wiedererkennungswert zu schaffen. Wir probieren also zuerst ein paar Akkordkombina-
siehe S. 81
tionen aus. Durch die Hauptfunktionen der ersten (**G**), vierten (**C**) und fünften (**D**) Stufe wird die Tonart manifestiert und durch das Hinzufügen der Nebenfunktion auf der zweiten Stufe (**Am**) kommt etwas klangliche Abwechslung in die Sache. So entscheiden wir uns letztlich für: **C** – **Am** – **G** – **D**, das entspricht einer *IV-II-I-V*-Verbindung. Jeder Akkord wird zwei Takte lang gespielt. Für eine flüs-
siehe S. 66
sige Stimmführung nutzen wir bei der Klavierbegleitung natürlich auch Akkord-Umkehrungen. Wenn du magst, kannst du den Song so auch mitspielen.

Intro

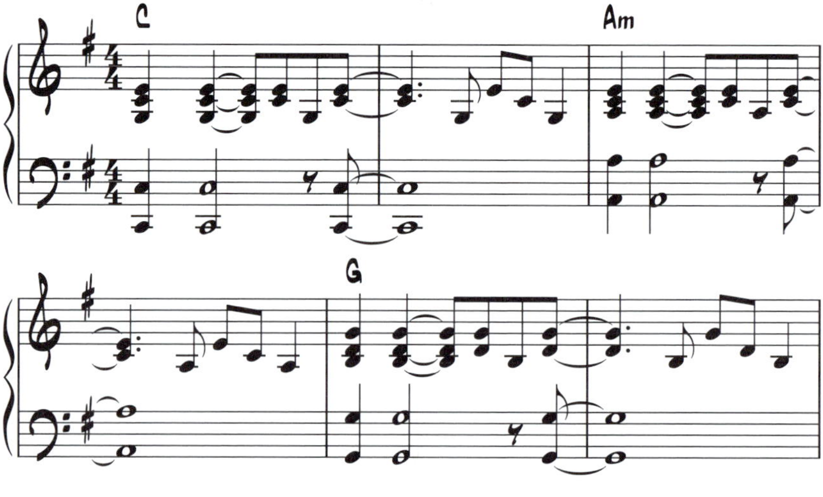

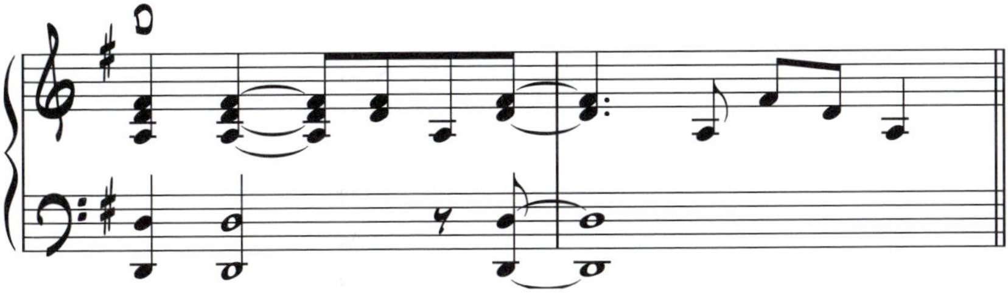

Melodie

Die Melodie der Hook soll simpel sein. Wir reduzieren die Auswahl der möglichen Töne deshalb auf die wichtigsten drei, die Töne des G-Dur Dreiklangs. Dieser wird einfach in Grundstellung abwärts *(d''- h' - g')* mit einem einfachen rhythmischen Motiv gesungen – perfekt zum Mitsingen! Das Motiv wiederholt sich dreimal und beim vierten Mal gibt's eine kleine Variation, die final beim Ton a' landet und damit unserer Meinung nach noch besser zum D-Dur Akkord passt. Das Hinzufügen einer zweiten und dritten Stimme, die unter der Melodie angesiedelt sind, macht die Hook noch fetter. Als „Text" nehmen wir einfach die kleine Silbe „oh" und erzeugen somit eine Art Stadion-Feeling.

Intro

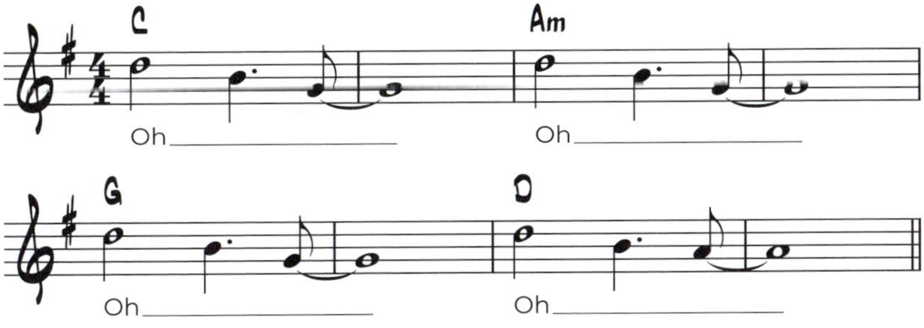

PRAXIS

// Verse (Strophe)

Ein **Verse** erzählt in aller Regel die Geschichte eines Songs. Meist braucht es dabei keine großen Tonsprünge, sondern eher ein sich wiederholendes Motiv, sowohl bei Melodie als auch bei den Akkorden – eine beständige, aber nicht zu aufgeregte musikalische Gestaltung. Hier geht es also mehr um den Inhalt als um ein großes Ohrwurm-Potential – das kommt dann später. Der Text eines Verse ändert sich normalerweise strophenweise.

Akkordfolge

siehe S. 78

Um den Verse harmonisch vom Intro abzuheben, verlagern wir das tonale Zentrum von G-Dur zu E-Moll, die ja miteinander verwandt sind. Der Verse basiert auf den Akkorden **Em** *(VI)* - **D** *(V)* - **C** *(IV)*. Um die Begleitung noch etwas spannungs- und abwechslungsreicher zu gestalten, nutzen wir auch Sus-Akkorde. So liegt immer auf der ersten Zählzeit alle zwei Takte ein **Esus2** oder ein **Csus2**, die sich dann jeweils auf der *2+* zu Em bzw. C bewegen. Das D liegt als Übergangsakkord im Takt dazwischen auf der *3+*. Diese Akkordwechsel auf den Off-Beats sind ein wunderbares Beispiel für Synkopen, sie sind rhythmisch vorgezogen und somit nicht ganz so glatt und „brav“. Alle Akkorde werden rhythmisch reduziert mit langen Pausen gespielt, um Platz für die Melodie zu lassen.

Verse

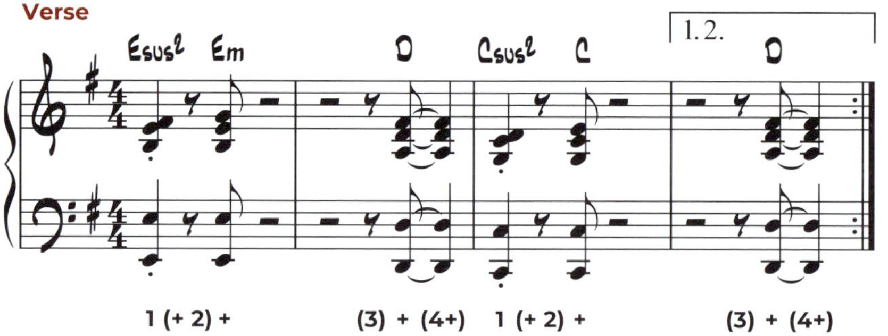

Melodie

Die Akkordfolge der Strophe steht in E-Moll. Deshalb bietet es sich an, dass die Gesangsmelodie ausschließlich auf der E-Moll Pentatonik basiert.

siehe S. 56

E-Moll Pentatonik

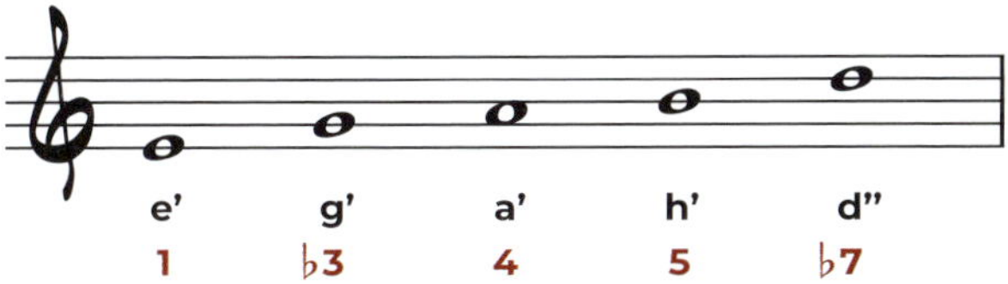

Mit der Pentatonik ist es einfach, eine passende Melodie zu finden. Hier sind keine spannungsreichen Töne enthalten, damit macht man also nichts falsch. Die Melodie füllt die Pausen, die die Begleitung lässt. Sie soll ein wenig ans Sprechen angelehnt sein und arbeitet deshalb mit vielen Tonwiederholungen, die hauptsächlich aus Achtelnoten bestehen. Das erzeugt einen perkussiven, knackigen Rhythmus und damit einen schönen Kontrast zum Intro und auch zum späteren Chorus, die beide aus längeren Melodiebögen bestehen.

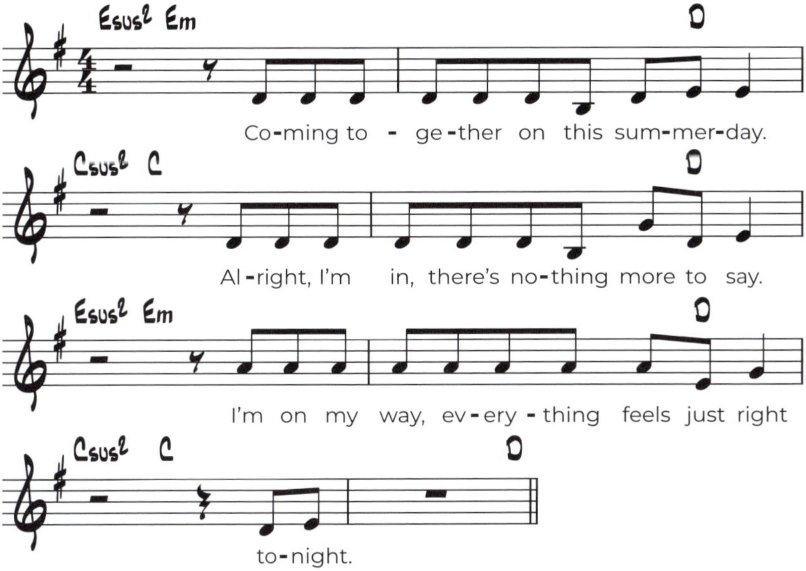

// Pre-Chorus

Der **Pre-Chorus** steht vor dem Chorus (daher auch der Name) und hat die Aufgabe zum Chorus hinzuleiten bzw. ihn vorzubereiten. Die musikalische Spannung wird dabei oft gesteigert, Melodie und Rhythmik werden etwas kompakter. Er ist nicht zwingend notwendig, aber ein gern genutzter Abschnitt.

Akkordfolge

Die Akkordfolge des Pre-Chorus besteht aus **Am** *(II)* – **G/B** *(I)* – **D** *(V)*. Auch hier sind die Akkordwechsel wieder als Synkopen vorgezogen, immer auf der Zählzeit *4+*.

Pre-Chorus

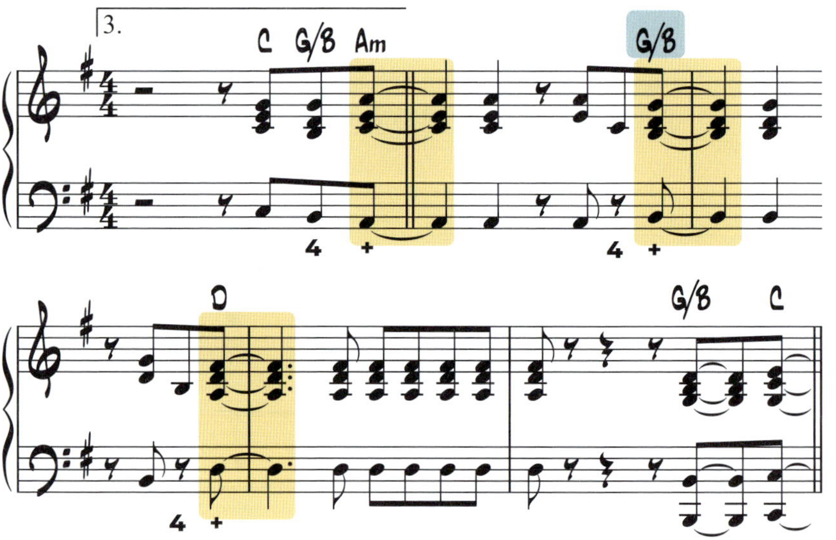

Beim Wechsel zu G gibt's eine Besonderheit: Die tiefste Note des Akkords im Bass ist nicht der Grundton G, sondern die Terz, das H. siehe S. 71 Es handelt sich also um einen Slash-Akkord. Das siehst du auch beim Akkordsymbol **G/B** (*gesprochen G über H*). Durch diesen eingebauten Slash-Akkord entsteht eine schöne aufsteigende Bassbewegung. Um ein spannendes rhythmisches Element einzubauen, spielen die Instrumente einen sogenannten „Stop" auf der ersten Zählzeit im letzten Takt des Pre-Chorus. Das heißt, wir spielen den Akkord (**D**) nur ganz kurz an, wodurch automatisch eine kleine Pause entsteht, in der für 1,5 Schläge nur Stille herrscht.

Melodie

Die Melodie des Verse verbindet sich elegant mit der des Pre-Chorus und hat eine tonale Aufwärtsbewegung, sie strebt also nach oben und bereitet somit den höher liegenden Chorus vor. Rhythmisch nimmt sie die Synkopen der Begleitung, immer auf der 4+, einfach mit. So verschmelzen Harmonien und Melodie noch besser miteinander.

Pre-Chorus

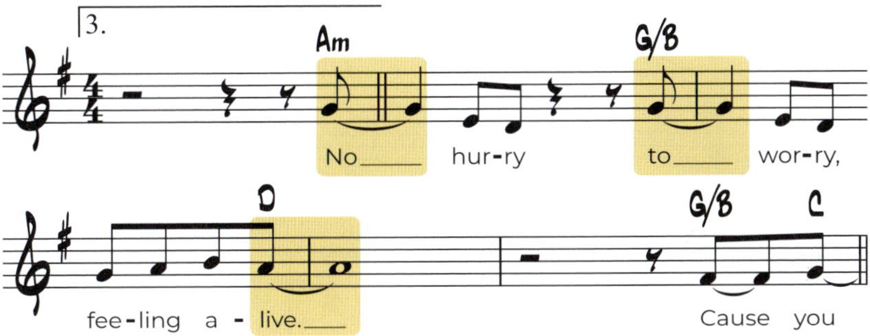

// Chorus (Refrain)

Der **Chorus** ist das Herzstück eines Songs. Er taucht mehrfach auf und hat im Bestfall eine Melodie, die im Kopf bleibt. Er soll die Hauptaussage des Texts transportieren, aber auch den grundsätzlichen Vibe des Songs ausstrahlen. In unserem Fall soll er ein positives und energetisches Gefühl auslösen. Der Text des Chorus bleibt normalerweise bei jeder Wiederholung gleich.

Akkordfolge

Wir wählen für den Chorus die gleiche Akkordfolge wie im Intro, da diese sehr einfach und eingängig ist: **C** - **Am** - **G** - **D**. Die Akkorde wechseln alle zwei Takte. Als Auftakt am Anfang und in der Mitte des Chorus ergänzen wir noch ein **G/B** als aufstrebenden Slash-Akkord auf der *3+*, also als Synkope.

Chorus

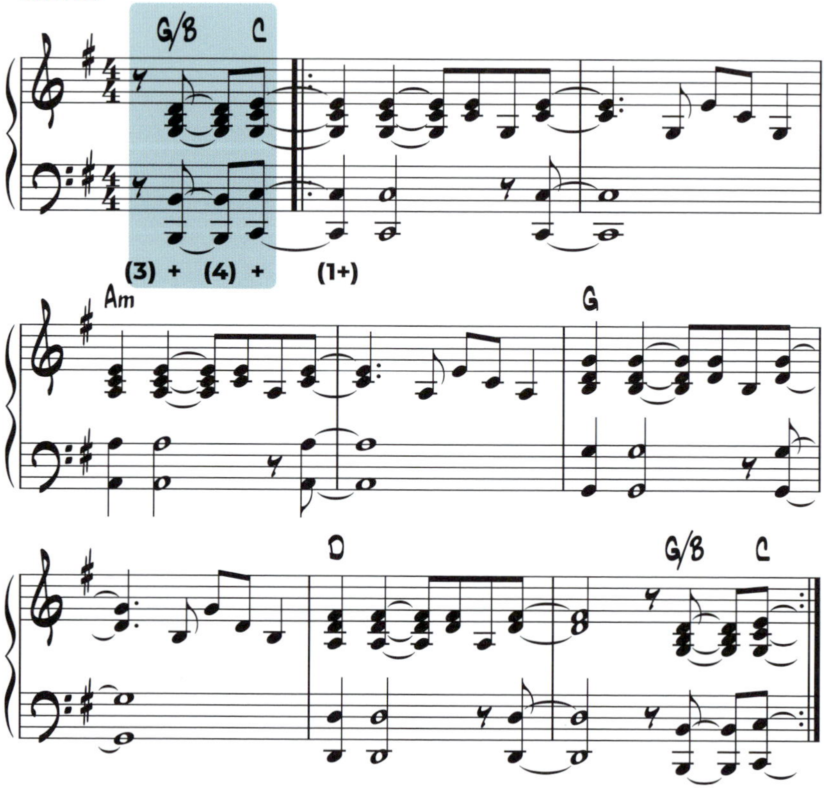

Melodie

Die Melodie des Chorus basiert ausschließlich auf den Tönen der G-Dur Tonleiter. Um einen Kontrast zur Strophe zu erzeugen, nutzen wir hier vor allem lange Töne anstatt kurzer Tonwiederholungen. Trotzdem kommen auch hier wieder rhythmische und tonale Motive zum Einsatz, die sich wiederholen bzw. teilweise leicht variiert werden. Dabei werden als Start- und Endton der Motive vornehmlich wieder die Haupttöne von G-Dur (*g' und h'*) genutzt – zweimal aufsteigend, einmal abwärts. Beim vierten Motiv sind die Töne dann auf D-Dur angepasst (*fis' und d'*), außerdem gibt's hier durch die Achtelnoten eine rhythmische Abwechslung. Diese Melodie kann man gut mitsingen.

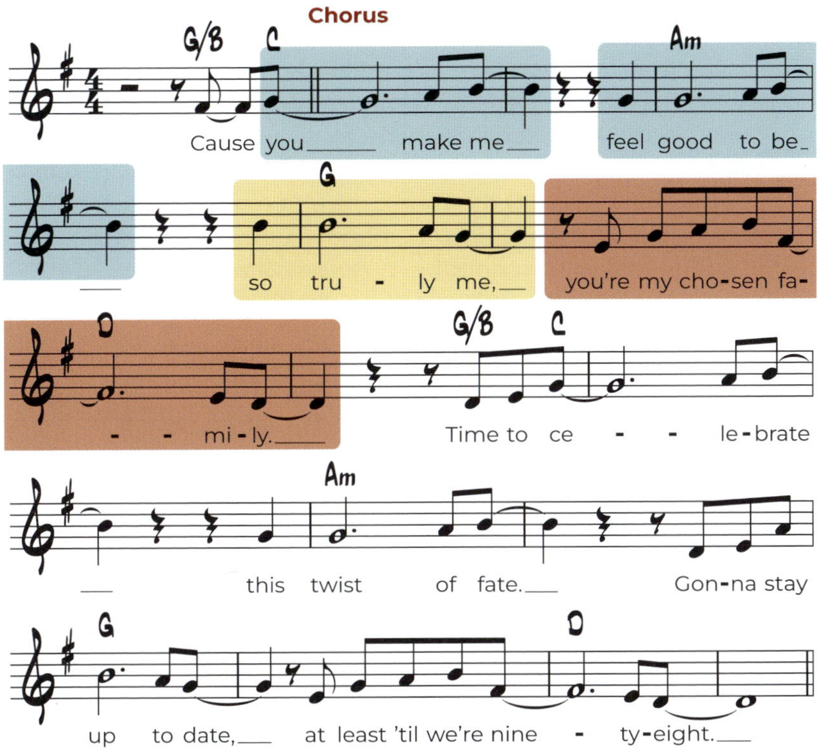

// Solo (Improvisation)

Nun ist Platz für **Improvisation**, bei uns für ein Gitarren-Solo. Improvisation bedeutet, dass über eine harmonische Grundlage frei gespielt oder gesungen werden darf. Es gibt keine festgelegte Melodie, der gefolgt werden muss, auch rhythmisch darf experimentiert werden. Besonders im Jazz, dem Genre mit der größten musikalischen „Freiheitsliebe", ist Improvisation ein fester Bestandteil, wenn nicht sogar das wichtigste Element.

Gerade am Anfang ist es aber trotzdem sinnvoll, sich an ein paar grundlegende Faktoren wie Akkorde oder Tonleitern zu halten und dann Schritt für Schritt mutiger im freien Spiel zu werden. Wir zeigen dir hier zwei Methoden, die sich hervorragend als Grundlage zum Improvisieren in allen Musik-Genres eignen. Das Solo läuft über die Akkorde des Chorus und ist bei uns in zwei Abschnitte unterteilt, in denen jeweils eine der Methoden angewendet wird.

1) Akkordtöne

siehe S. 60 Eine solide Improvisation kann aus den Akkordtönen der zugrunde liegenden Harmonien gebaut werden. In diesem Fall werden also über den Akkord **C** ausschließlich die Töne c, e und g, über den Akkord **Am** die Töne a, c und e, über den Akkord **G** die Töne g, h und d und über den Akkord **D** die Töne d, fis und a gespielt. Diese Töne können rhythmisch beliebig miteinander kombiniert werden. So klingt das im ersten Abschnitt bei unserem Gitarren-Solo:

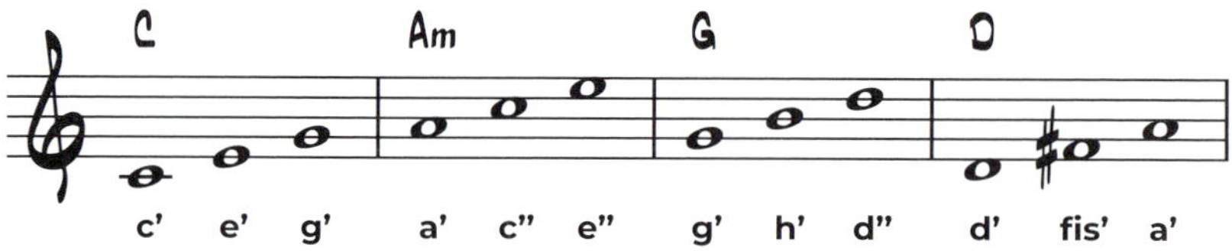

Gitarrensolo

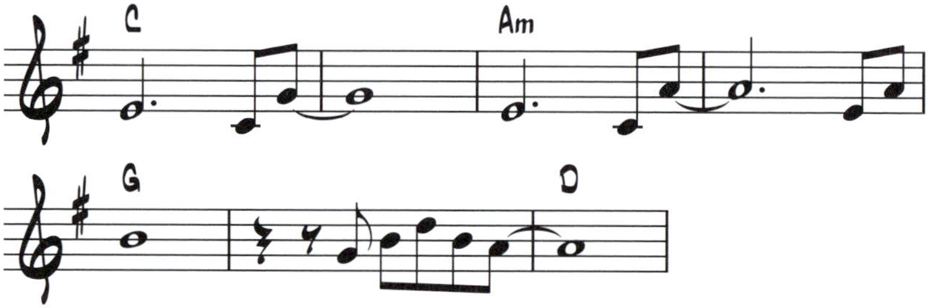

Versuche doch mal selbst eine eigene Melodie mit den Akkordtönen zu erfinden.

2) Pentatonik

siehe S. 56 Die Pentatonik ist ideal, um mit dem Improvisieren zu starten. Alle Töne passen zu allen Akkorden. In unserem Song nutzen wir natürlich die Töne der G-Dur Pentatonik.

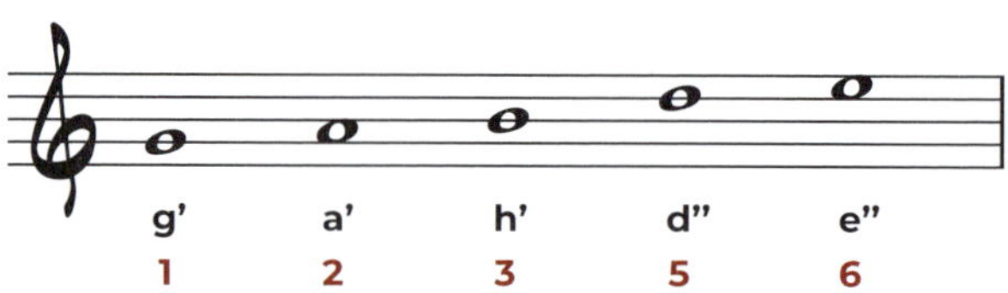

Die Pentatonik kann aufwärts und abwärts gespielt werden, einzelne Töne können länger liegen bleiben oder man arbeitet mit Tonsprüngen. Alles ist erlaubt! Wenn du deine eigene Improvisation mit diesem Tonmaterial beginnst, kannst du auch hier versuchen am Ende einer Phrase oder eines Motivs auf den Akkordtönen des zugrunde liegenden Akkords zu landen. So klingt der zweite Impro-Abschnitt des Gitarren-Solos:

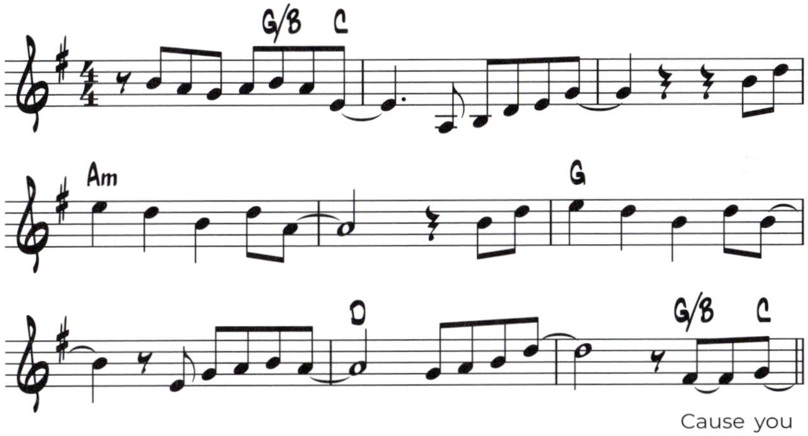

Probiere selbst eine eigene Melodie oder einzelne Motive mit der Pentatonik zu erfinden.

// Outro

Mit dem **Outro** wird ein Song beendet. Meist taucht dabei ein markantes Element wie z. B. die Hookline nochmal auf. Songs können aber auch abrupt beendet werden oder einfach leiser werden (*auch „Fade Out“*). Bei uns ist das Outro identisch mit dem Intro. Das gibt dem Song einen schönen musikalischen Rahmen.

PRAXIS

// Der finale Song

Nun werden die einzelnen Song-Teile in die richtige Reihenfolge gebracht und ein englischer Songtext über die Melodie gelegt. Der Song trägt den Titel Chosen Family. Der Text handelt von Freundschaft und erzählt davon, wie man sich mit den richtigen Leuten an seiner Seite unschlagbar und ganz wie man selbst fühlen kann.

Wir ergänzen einen Beat und weitere Instrumente, um den Sound zu verdichten. Dazu kommt noch ein kleiner Chor im Hintergrund. Und zack: Unser Song ist fertig!

Den gesamten Song, die Klaviernoten und auch den Backingtrack ohne Gesang und Impro-Part findest du hinter dem QR-Code. Viel Freude beim Hören, Singen und Spielen!

Chosen Family

Intro

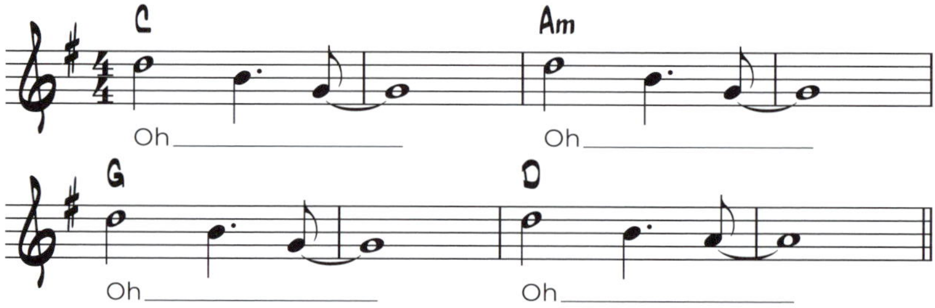

Verse

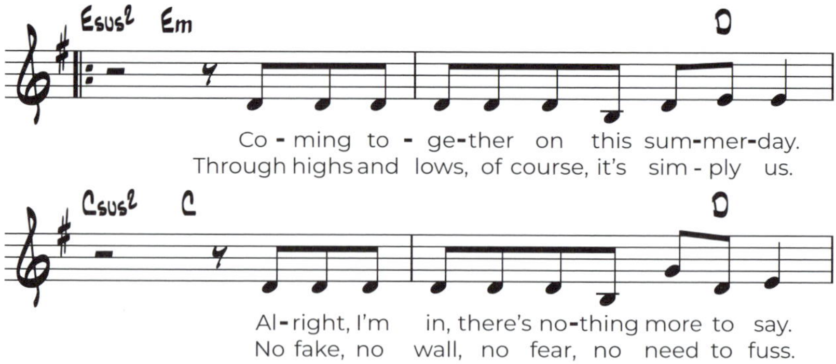

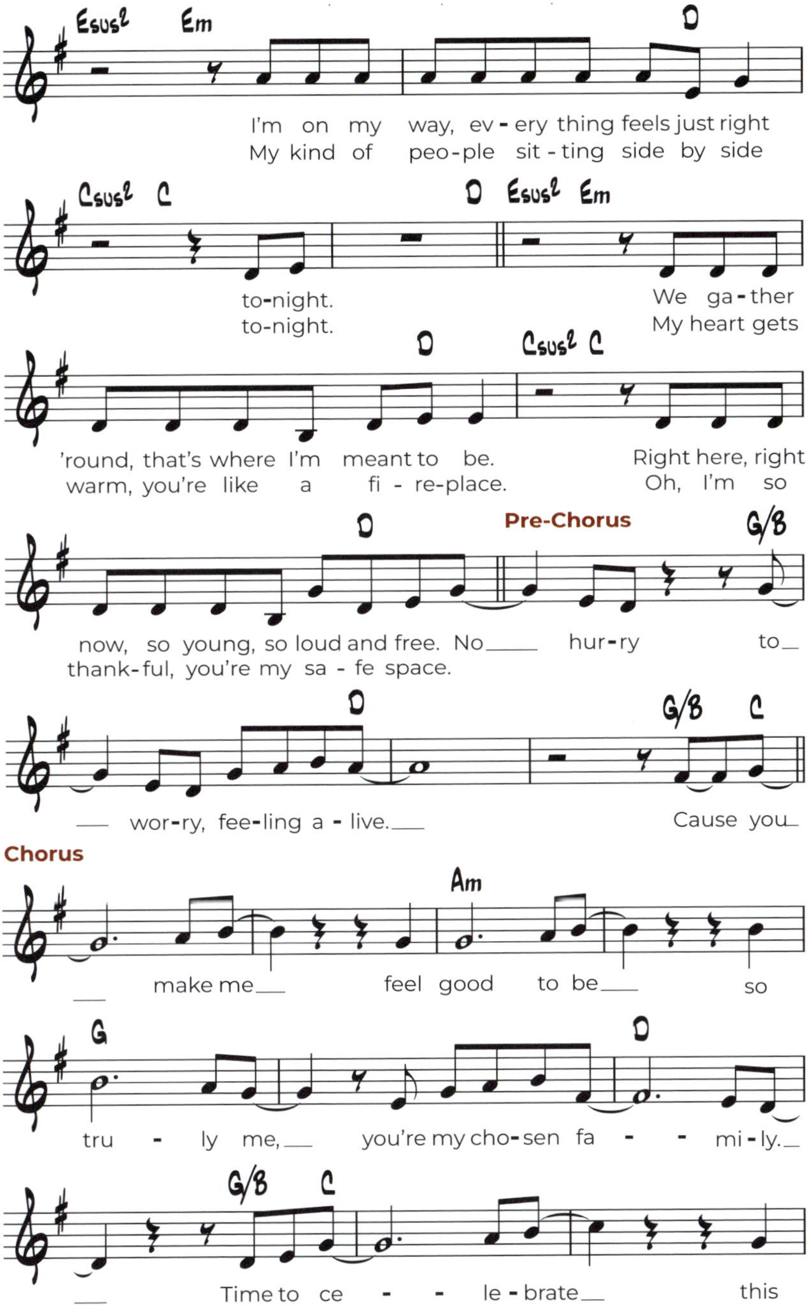
Esus2 Em D
I'm on my way, ev-ery thing feels just right
My kind of peo-ple sit-ting side by side
Csus2 C D Esus2 Em
to-night. We ga-ther
to-night. My heart gets
D Csus2 C
'round, that's where I'm meant to be. Right here, right
warm, you're like a fi - re-place. Oh, I'm so
D Pre-Chorus G/B
now, so young, so loud and free. No hur-ry to
thank-ful, you're my sa - fe space.
D G/B C
wor-ry, fee-ling a - live. Cause you
Chorus
Am
make me feel good to be so
G D
tru - ly me, you're my cho-sen fa - - mi-ly.
G/B C
Time to ce - - le-brate this

PRAXIS

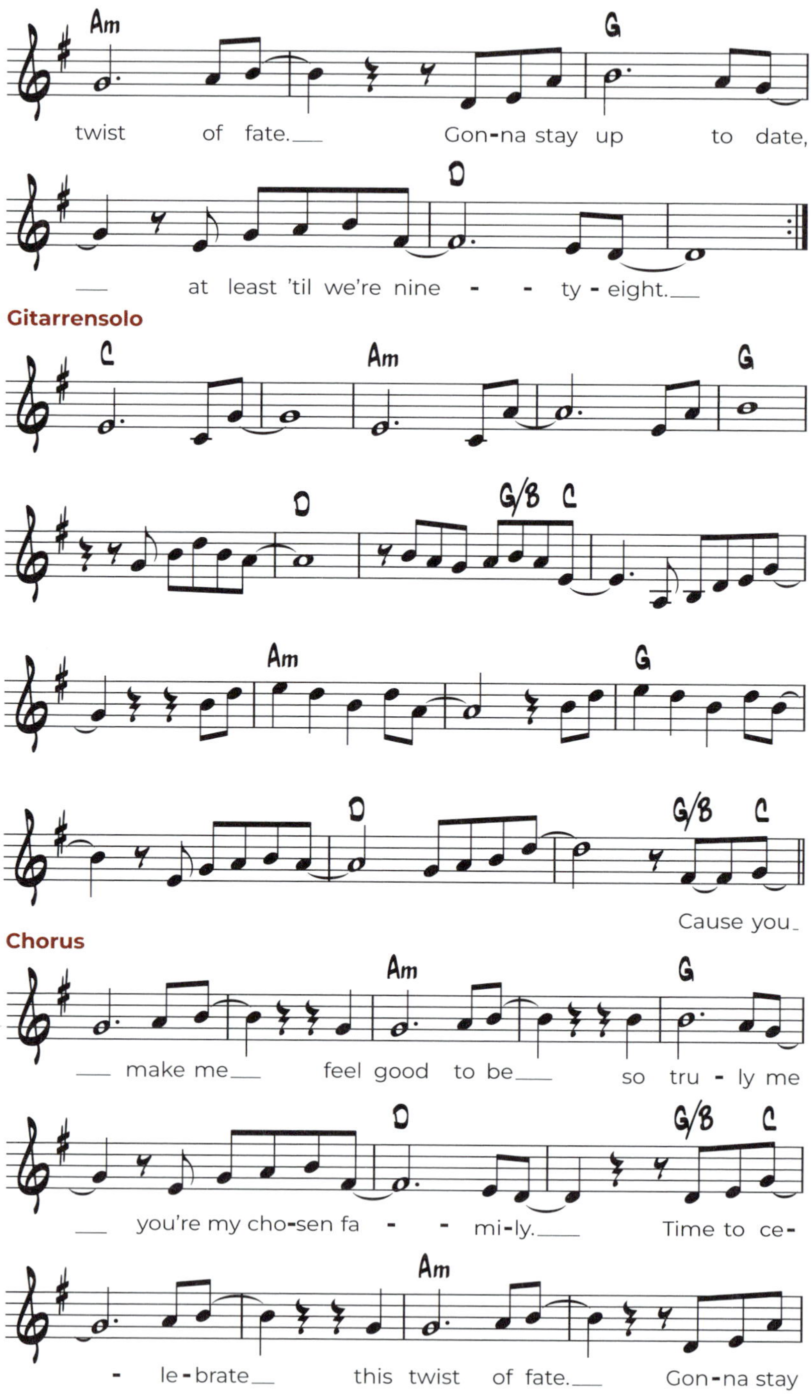
Am G
twist of fate.__ Gon-na stay up to date,
D
__ at least 'til we're nine - - ty - eight.__
Gitarrensolo
C Am G
D G/B C
Am G
D G/B C
Cause you_
Chorus
Am G
__ make me__ feel good to be__ so tru - ly me
D G/B C
__ you're my cho-sen fa - - mi-ly.__ Time to ce-
Am
- le-brate__ this twist of fate.__ Gon-na stay

PRAXIS

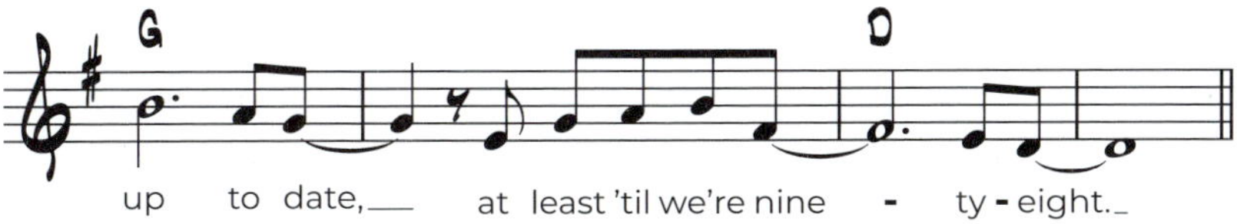

Outro

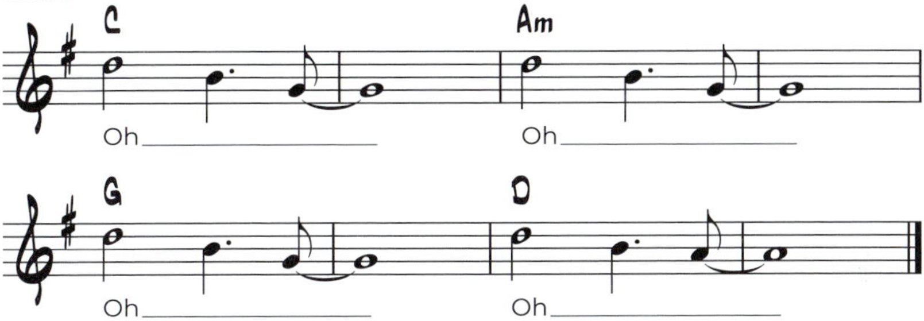

GOOD TO KNOW

Bei der Wiederholung des Chorus darf bei der Melodie übrigens gerne etwas variiert bzw. improvisiert werden. Also wunder dich nicht, wenn dort die Noten nicht mehr 100%ig zur Aufnahme passen. Das ist einfach künstlerische Freiheit. Probiere das mit der Playback-Aufnahme doch gerne mal selbst aus.

ANHANG

// Tempobezeichnungen

italienische Bezeichnung	Bedeutung	ca. bpm (beats per minute)
Langsame Tempi		
Larghissimo	sehr breit, äußerst langsam	<24
Grave	schwer	25-45
Largo	breit, langsam	40-60
Lento	langsam	45-60
Larghetto	etwas breit (schneller als Largo)	60-66
Adagio	langsam, ruhig	66-76
Adagietto	langsamer als andante	72-76
Mittlere Tempi		
Andante	ruhig gehend	76-108
Andantino	ein wenig bewegt	80-108
Moderato	mäßig bewegt	108-120
Allegretto	ein wenig bewegt, munter	112-120
Schnelle Tempi		
Allegro	schnell, heiter	120-168
Vivace, vivo	lebhaft, lebendig	168-176
Vivacissimo	sehr lebhaft, sehr lebendig	172-176
Presto	sehr schnell, geschwind	168-200
Prestissimo	äußerst schnell	≥ 200

Ergänzende Bezeichnungen (eine Auswahl), die Tempo-Veränderungen beschreiben:

italienische Bezeichnung	Bedeutung
Bezeichnungen Beschleunigung	
accelerando (accel.)	schneller werdend
più mosso	bewegter
Bezeichnungen Verlangsamung	
rallentando (rall.) / decelerando (decel.)	verbreiternd, verlangsamend
ritardando (rit.)	langsamer werdend
ritenuto	zurückhaltend

Bezeichnungen für freies Tempo	
ad libitum	nach freier Wahl
rubato	frei, nicht im strengen Zeitmaß
senza tempo	ohne (festgelegtes) Tempo
Bezeichnung für Rückkehr zum zuvor gegebenen Tempo	
a tempo	im ursprünglichen Zeitmaß
weitere Tempobezeichnungen	
alla breve	zur Hälfte (statt zwei Zählzeiten nur noch eine)

// Dynamik

Wenn in der Musik von Dynamik *(griech. dýnamis: „Kraft, Stärke")* gesprochen wird, geht es um alles, was mit Lautstärke zu tun hat. Es wird dabei grundsätzlich zwischen einem dynamischen Zustand und einer dynamischen Veränderung unterschieden.

Prinzipiell können Lautstärke-Bezeichnungen in drei Gruppen eingeteilt werden:

1) Einheitliche Lautstärken (Stufen)
2) Gleitende Veränderungen der Lautstärke (Übergänge)
3) Abrupte Veränderungen der Lautstärke (Akzente)

1) Einheitliche Dynamik-Stufen

Die heute in der Musik üblichen Lautstärke-Stufen werden mit italienischen Bezeichnungen und ihren Abkürzungen angegeben. Die Dynamik-Stufen gelten innerhalb eines Musikstücks so lange, bis sie von einem anderen Lautstärke-Zeichen abgelöst werden.

ppp → pianopianissimo = so leise wie möglich
pp → pianissimo = sehr leise
p → piano = leise
mp → mezzopiano = halbleise
mf → mezzoforte = halblaut
f → forte = laut
ff → fortissimo = sehr laut
fff → fortefortissimo = so laut wie möglich

2) Gleitende dynamische Veränderungen

Gleitende dynamische Veränderungen beschreiben eine gleichmäßige Veränderung der Lautstärke. Sie werden im Notenbild durch schriftliche italienische Bezeichnungen angegeben oder durch grafische Darstellungen notiert.

cresc. → crescendo = lauter werdend (<)

decresc. → decrescendo = leiser werdend (>),
(alternativ dim. → diminuendo = leiser werdend (>))

Viele Songs in der Jazz/Rock/Popmusik kommen zum Ende, indem die Musik bis zur vollkommenen Stille immer leiser wird. Diese dynamische Veränderung am Ende eines Songs nennt man *Fade Out*.

3) Akzente

Die folgenden Abkürzungen stehen für abrupte Veränderungen der Lautstärke:

fp → fortepiano = laut, dann plötzlich leise

sfz (sf, fz) → sforzato oder sforzando = plötzliche Betonung

rf (rfz) → rinforzando = wieder stärker werdend oder mit anfangs leicht anschwellender Betonung

// Wiederholungszeichen

Wiederholungszeichen	𝄆 𝄇	Die Takte zwischen einem linken und einem rechten Wiederholungszeichen sollen wiederholt werden.
Voltenklammer (Klammer, Haus)	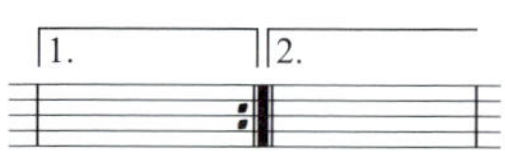	Ein oder mehrere Takte werden nach erfolgter Wiederholung übersprungen.
Da capo („von vorne")	D.C.	Das Musikstück wird von vorne gespielt.
Da capo al fine	D.C. al fine	Das Musikstück wird von vorne gespielt und endet beim Wort „fine".

„Kopf“, Coda, Coda-Zeichen	𝄌	Sprunganweisung zum nächsten „Kopf“, in der Regel zur Coda (Schlussabschnitt).
Da capo al Coda	D.C. al 𝄌 - 𝄌	Das Stück wird von vorne gespielt und springt beim nächsten Coda-Zeichen in die Coda.
Dal Segno	D.S., 𝄋	Bei der Angabe D.S. wird zum Dal Segno-Zeichen zurückgesprungen.
Dal Segno al Coda	D.S. al 𝄌 - 𝄌	Bei der Angabe D.S. al Coda wird zum Dal Segno-Zeichen zurückgesprungen. Beim nächsten Coda-Zeichen wird in die Coda gesprungen.
„Faulenzer“	𝄎	Der Akkord aus dem vorherigen Takt wird wiederholt.

Hier findest du unser passendes Video zu den Wiederholungszeichen:

// Weitere Akkordsymbole

In dieser Übersicht findest du weitere Akkordsymbole und die jeweils enthaltenen Töne mit dem Grundton C[1]. Die Akkorde können mit dem richtigen Intervall-Verhältnis natürlich auch von jedem anderen Ton aus gebildet werden.

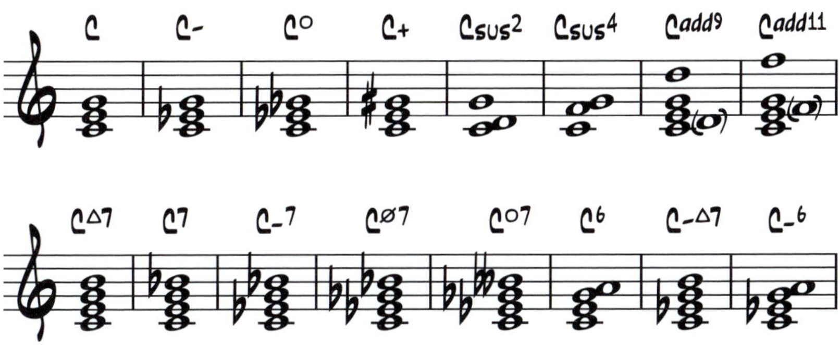

1 Die Zahlen 9, 11 und 13 stehen für Optionstöne, die über einer Oktave liegen. Sie tauchen vornehmlich im Jazz auf und werden deshalb in diesem Buch nicht näher behandelt.

siehe S. 40

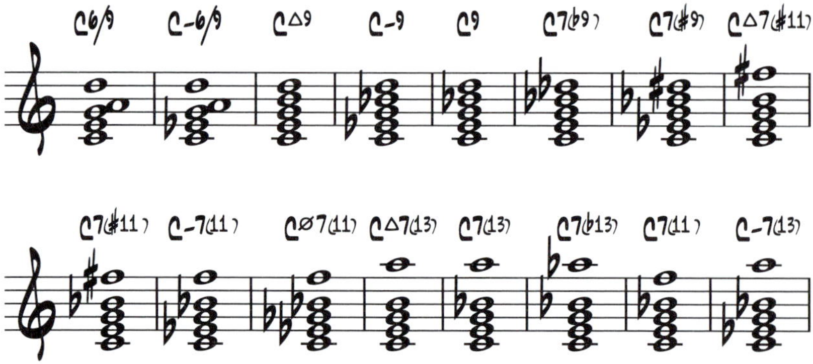

// Alle Dur-Tonarten und ihre Stufenakkorde

Tonart	I	II	III	IV	V	VI	VII
C-Dur	C∆7	D-7	E-7	F∆7	G7	A-7	B-7(b5)
G-Dur	G∆7	A-7	B-7	C∆7	D7	E-7	F#-7(b5)
D-Dur	D∆7	E-7	F#-7	G∆7	A7	B-7	C#-7(b5)
A-Dur	A∆7	B-7	C#-7	D∆7	E7	F#-7	G#-7(b5)
E-Dur	E∆7	F#-7	G#-7	A∆7	B7	C#-7	D#-7(b5)
H-Dur	B∆7	C#-	D#-7	E∆7	F#7	G#-7	A#-7(b5)
Fis-Dur	F#∆7	G#-7	A#-7	B∆7	C#7	D#-7	E#-7(b5)
F-Dur	F∆7	G-7	A-7	Bb∆7	C7	D-7	E-7(b5)
B(b)-Dur	Bb∆7	C-7	D-7	Eb∆7	F7	G-7	A-7(b5)
Es-Dur	Eb∆7	F-7	G-7	Ab∆7	Bb7	C-7	D-7(b5)
As-Dur	Ab∆7	Bb-7	C-7	Db∆7	Eb7	F-7	G-7(b5)
Des-Dur	Db∆7	Eb-7	F-7	Gb∆7	Ab7	Bb-7	C-7(b5)
Ges-Dur	Gb∆7	Ab-7	Bb-7	Cb∆7	Db7	Eb-7	F-7(b5)

// Englisch-Musik/Musik-Englisch Wörterbuch

Englisch	Musik
treble clef	Violinschlüssel
bass clef	Bassschlüssel
sharp (♯) – z. B. D sharp (D♯)	Kreuz (♯) – z. B. Dis (D♯)
flat (♭) – z. B. E flat (E♭)	B (♭) – z. B. Es (E♭)
key signature	Tonart
time signature	Taktart
bpm (beats per minute)	Tempoangabe (Schläge pro Minute)
common time	4/4 Takt
beat	Rhythmus, Grundschlag
bar	Takt
count	Schlag (im Takt)
whole note	ganze Note
half note	halbe Note
quarter note	Viertelnote
eighth note	Achtelnote
sixteenth note	Sechzehntelnote
triplet – z. B. eighth note triplet	Triole – z. B. Achteltriole
rest – z. B. half note rest	Pause – z. B. halbe Pause
dotted note/rest	punktierte Note/Pause
scale	Tonleiter
major	Dur
major scale	Dur-Tonleiter
minor	Moll
minor scale	Moll-Tonleiter
perfect unison (1)	reine Prime
minor/major second (b2/2)	große/kleine Sekunde
minor/major third (b3/3)	große/kleine Terz
perfect fourth (4)	reine Quarte
tritone (augmented fourth (#4)/ diminished fifth (b5))	Tritonus (übermäßige Quarte / verminderte Quinte)
perfect fifth (5)	reine Quinte

Englisch	Musik
minor/major sixth (b6/6)	kleine/große Sexte
minor seventh (7) / major seventh (maj7, ^7)	kleine/große Septime
perfect octave (8)	reine Oktave
augmented (Abkürzung: aug)	übermäßig
diminished (Abkürzung: dim)	vermindert
chord	Akkord
triad	Dreiklang
chord symbol	Akkordsymbol
root, key note, fundamental	Grundton
Verse	Strophe
Pre-Chorus	Songteil vor dem Refrain
Chorus	Refrain
Post-Chorus	Songteil nach dem Refrain
Bridge	Songteil, meist zwischen zwei Refrains
interlude	Zwischenteil (eines Songs)
instrumental	Instrumental-Teil (ohne Gesang)
repetition	Wiederholung
break	Pause (allgemein)
ending	Ende/Schluss
single note	Einzelton
attack	Anschlag, Anstoß
tuning	Stimmung
lyrics	Songtext

// Register

Add-Akkorde 71
Akkorde 60ff
Akkordfolge 86f, 96, 98, 100f
Akkordsymbole 72ff
Alterierte Töne 15ff
Bassschlüssel 12
Binär 25
BPM 11, 117
Chorus 94, 101f
Chosen Family (Song) 106ff
Chromatische Tonleiter 15, 17
Diatonik 79
Dissonante Intervalle 43
Dissonanzen 42f
Dominante 81f, 84
Dominant-Parallele 83, 85
Dominant-Septakkord 68f
Dreiklang 60ff
Dur-Dreiklang 60f
Dur Tonleiter 46ff
Dynamik 113f
Enharmonische Verwechslung ... 17
Funktionstheorie 81ff
Ganztonschritt 15
Gleitton 50
Große Intervalle 38
Grundstellung (Dreiklang) 65
Halbtonschritt 15
Halbverminderter Akkord 69
Haltebogen 27
Harmonik 60ff
Harmonische Moll-Tonleiter 50f
Hauptfunktionen (Dur-Akkorde) 81f
Hauptfunktionen (Moll-Akkorde) 84f
Hilfslinie 10
Improvisation 103ff
Intervalle 36ff
Intro 94, 96f
Kleine Intervalle 38
Konsonanzen 42f
Leitton 50
Major7-Akkord 68
Melodie 97, 99, 102f
Melodische Moll-Tonleiter 52f
Moll7-Akkord 69
Moll-Dreiklang 61
Moll-Tonleitern 48ff
Natürliche Moll-Tonleiter 48f
Nebenfunktionen (Dur-Akkorde) 82f
Nebenfunktionen (Moll-Akkorde) 85
Notenlinien 10
Notenschlüssel 10, 12f
Notensystem 10
Notenwerte 23f
Off-Beat 31f
Oktavierende Notenschlüssel 12
Oktavlagen 13
On-Beat 31f
Optionsnoten 40

Outro 94, 105
Parallele Tonleitern 49
Pausenwerte 23f
Pentatonik 56f, 104f
Pre-Chorus 94, 100f
Punktierung 27
Quintenzirkel 88ff
Refrain 94, 101f
Reine Intervalle 37
Rhythmus 22, 31f
Shuffle 26
Slash-Akkord 71f
Solo 103ff
Stammtöne 11
Stammton-Intervalle 36ff
Stimmführung 66f
Strophe 94, 98f
Stufentheorie 79f
Subdominante 81f, 84
Subdominant-Parallele 83, 85
Sus-Akkorde 67
Swing 26
Synkope 33
Takt 10, 22, 29f
Taktart 10f, 29f, 94
Taktstrich 10
Tempo 94, 112
Ternär 25
Tonales Zentrum 78f
Tonart 76ff
Tonika 81f, 84
Tonika-Parallele 83, 85
Tonleitern 46ff
Triolen 25
Übermäßige Intervalle 38f
Übermäßiger Dreiklang 62
Umkehrungen (Dreiklang) 64ff
Unvollkommene konsonante Intervalle 43
Verminderte Intervalle 38f
Verminderter Dreiklang 62
Verse 94, 98f
Versetzungszeichen 15, 18ff
Vierklang 68ff
Vierklangsumkehrungen 70
Violinschlüssel 12
Vollkommene konsonante Intervalle 42f
Vollverminderter Akkord 70
Vorzeichen 10, 18ff, 76ff
Wiederholungszeichen 114f
Zählzeit 30ff